《中国佛学经典宝藏》
大陆简体字版编审委员会

总序

星云

自读首楞严，从此不尝人间糟糠味；

认识华严经，方知已是佛法富贵人。

诚然，佛教三藏十二部经有如暗夜之灯炬、苦海之宝筏，为人生带来光明与幸福，古德这首诗偈可说一语道尽行者阅藏慕道、顶戴感恩的心情！可惜佛教经典因为卷帙浩瀚、古文艰涩，常使忙碌的现代人有义理远隔、望而生畏之憾，因此多少年来，我一直想编纂一套白话佛典，以使法雨均沾，普利十方。

一九九一年，这个心愿总算有了眉目。是年，佛光山在中国大陆广州市召开“白话佛经编纂会议”，将该套丛书定名为《中国佛教经典宝藏》[1]。后来几经集思广

---

① 编者注：《中国佛教经典宝藏》丛书，大陆出版时改为《中国佛学经典宝藏》丛书。

益，大家决定其所呈现的风格应该具备下列四项要点：

一、启发思想：全套《中国佛教经典宝藏》共计百余册，依大乘、小乘、禅、净、密等性质编号排序，所选经典均具三点特色：

1. 历史意义的深远性
2. 中国文化的影响性
3. 人间佛教的理念性

二、通顺易懂：每册书均设有原典、注释、译文等单元，其中文句铺排力求流畅通顺，遣词用字力求深入浅出，期使读者能一目了然，契入妙谛。

三、文简意赅：以专章解析每部经的全貌，并且搜罗重要的章句，介绍该经的精神所在，俾使读者对每部经义都能透彻了解，并且免于以偏概全之谬误。

四、雅俗共赏：《中国佛教经典宝藏》虽是白话佛典，但亦兼具通俗文艺与学术价值，以达到雅俗共赏、三根普被的效果，所以每册书均以题解、源流、解说等章节，阐述经文的时代背景、影响价值及在佛教历史和思想演变上的地位角色。

兹值佛光山开山三十周年，诸方贤圣齐来庆祝，历经五载、集二百余人心血结晶的百余册《中国佛教经典宝藏》也于此时隆重推出，可谓意义非凡，论其成就，则有四点可与大家共同分享：

一、佛教史上的开创之举：民国以来的白话佛经翻译虽然很多，但都是法师或居士个人的开示讲稿或零星的研究心得，由于缺乏整体性的计划，读者也不易窥探佛法之堂奥。有鉴于此，《中国佛教经典宝藏》丛书突破窠臼，将古来经律论中之重要著作，做有系统的整理，为佛典翻译史写下新页！

二、杰出学者的集体创作：《中国佛教经典宝藏》丛书结合中国大陆北京、南京各地名校的百位教授、学者通力撰稿，其中博士学位者占百分之八十，其他均拥有硕士学位，在当今出版界各种读物中难得一见。

三、两岸佛学的交流互动：《中国佛教经典宝藏》撰述大部分由大陆饱学能文之教授负责，并搜录台湾教界大德和居士们的论著，借此衔接两岸佛学，使有互动的因缘。编审部分则由台湾和大陆学有专精之学者从事，不仅对中国大陆研究佛学风气具有带动启发之作用，对于台海两岸佛学交流更是帮助良多。

四、白话佛典的精华集萃：《中国佛教经典宝藏》将佛典里具有思想性、启发性、教育性、人间性的章节做重点式的集萃整理，有别于坊间一般“照本翻译”的白话佛典，使读者能充分享受“深入经藏，智慧如海”的法喜。

今《中国佛教经典宝藏》付梓在即，吾欣然为之作序，并借此感谢慈惠、依空等人百忙之中，指导编修；吉广舆等人奔走两岸，穿针引线；以及王志远、赖永海等大陆教授的辛勤撰述；刘国香、陈慧剑等台湾学者的周详审核；满济、永应等“宝藏小组”人员的汇编印行。由于他们的同心协力，使得这项伟大的事业得以不负众望，功竟圆成！

《中国佛教经典宝藏》虽说是大家精心擘划、全力以赴的巨作，但经义深邈，实难尽备；法海浩瀚，亦恐有遗珠之憾；加以时代之动乱，文化之激荡，学者教授于契合佛心，或有差距之处。凡此失漏必然甚多，星云谨以愚诚，祈求诸方大德不吝指正，是所至祷。

一九九六年五月十六日于佛光山

原版序

敲门处处有人应

慈惠

《中国佛教经典宝藏》是佛光山继《佛光大藏经》之后，推展人间佛教的百册丛书，以将传统《大藏经》精华化、白话化、现代化为宗旨，力求佛经宝藏再现今世，以通俗亲切的面貌，温渥现代人的心灵。

佛光山开山三十年以来，家师星云上人致力推展人间佛教，不遗余力，各种文化、教育事业蓬勃创办，全世界弘法度化之道场应机兴建，蔚为中国现代佛教之新气象。这一套白话精华大藏经，亦是大师弘教传法的深心悲愿之一。从开始构想、擘划到广州会议落实，无不出自大师高瞻远瞩之眼光，从逐年组稿到编辑出版，幸赖大师无限关注支持，乃有这一套现代白话之大藏经问世。

这是一套多层次、多角度、全方位反映传统佛教文化的丛书，取其精华，舍其艰涩，希望既能将《大藏经》

深睿的奥义妙法再现今世，也能为现代人提供学佛求法的方便舟筏。我们祈望《中国佛教经典宝藏》具有四种功用：

一、是传统佛典的精华书

中国佛教典籍汗牛充栋，一套《大藏经》就有九千余卷，穷年皓首都研读不完，无从赈济现代人的枯槁心灵。《宝藏》希望是一滴浓缩的法水，既不失《大藏经》的法味，又能有稍浸即润的方便，所以选择了取精用弘的摘引方式，以舍弃庞杂的枝节。由于执笔学者各有不同的取舍角度，其间难免有所缺失，谨请十方仁者鉴谅。

二、是深入浅出的工具书

现代人离古愈远，愈缺乏解读古籍的能力，往往视《大藏经》为艰涩难懂之天书，明知其中有汪洋浩瀚之生命智慧，亦只能望洋兴叹，欲渡无舟。《宝藏》希望是一艘现代化的舟筏，以通俗浅显的白话文字，提供读者遨游佛法义海的工具。应邀执笔的学者虽然多具佛学素养，但大陆对白话写作之领会角度不同，表达方式与台湾有相当差距，造成编写过程中对深厚佛学素养与流畅白话语言不易兼顾的困扰，两全为难。

三、是学佛入门的指引书

佛教经典有八万四千法门，门门可以深入，门门是无限宽广的证悟途径，可惜缺乏大众化的入门导览，不易寻觅捷径。《宝藏》希望是一支指引方向的路标，协助十方大众深入经藏，从先贤的智慧中汲取养分，成就无上的人生福泽。

四、是解深入密的参考书

佛陀遗教不仅是亚洲人民的精神归依，也是世界众生的心灵宝藏。可惜经文古奥，缺乏现代化传播，一旦庞大经藏沦为学术研究之训诂工具，佛教如何能扎根于民间？如何普济僧俗两众？我们希望《宝藏》是百粒芥子，稍稍显现一些须弥山的法相，使读者由浅入深，略窥三昧法要。各书对经藏之解读诠释角度或有不足，我们开拓白话经藏的心意却是虔诚的，若能引领读者进一步深研三藏教理，则是我们的衷心微愿。

大陆版序一

赖永海

《中国佛教经典宝藏》是一套对主要佛教经典进行精选、注译、经义阐释、源流梳理、学术价值分析，并把它们翻译成现代白话文的大型佛学丛书，成书于二十世纪九十年代，由台湾佛光文化事业有限公司出版，星云大师担任总监修，由大陆的杜继文、方立天以及台湾的星云大师、圣严法师等两岸百余位知名学者、法师共同编撰完成。十几年来，这套丛书在两岸的学术界和佛教界产生了巨大的影响，对研究、弘扬作为中国传统文化重要组成部分的佛教文化，推动两岸的文化学术交流发挥了十分重要的作用。

《中国佛学经典宝藏》则是《中国佛教经典宝藏》的简体字修订版。之所以要出版这套丛书，主要基于以下的考虑：

首先，佛教有三藏十二部经、八万四千法门，典籍浩瀚，博大精深，即便是专业研究者，穷其一生之精力，恐也难阅尽所有经典，因此之故，有“精选”之举。

其次，佛教源于印度，汉传佛教的经论多译自梵语；加之，代有译人，版本众多，或随音，或意译，同一经文，往往表述各异。究竟哪一种版本更契合读者根机？哪一个注疏对读者理解经论大意更有助益？编撰者除了标明所依据版本外，对各部经论之版本和注疏源流也进行了系统的梳理。

再次，佛典名相繁复，义理艰深，即便识得其文其字，文字背后的义理，诚非一望便知。为此，注译者特地对诸多冷僻文字和艰涩名相，进行了力所能及的注解和阐析，并把所选经文全部翻译成现代汉语。希望这些注译，能成为修习者得月之手指、渡河之舟楫。

最后，研习经论，旨在借教悟宗、识义得意。为了将其思想义理和现当代价值揭示出来，编撰者对各部经论的篇章品目、思想脉络、义理蕴涵、学术价值等所做的发掘和剖析，真可谓殚精竭虑、苦心孤诣！当然，佛理幽深，欲入其堂奥、得其真义，诚非易事！我们不敢奢求对于各部经论的解读都能鞭辟入里，字字珠玑，但希望能对读者的理解经义有所启迪！

习近平主席最近指出：“佛教产生于古代印度，但传入中国后，经过长期演化，佛教同中国儒家文化和道家文化融合发展，最终形成了具有中国特色的佛教文化，给中国人的宗教信仰、哲学观念、文学艺术、礼仪习俗等留下了深刻影响。”如何去研究、传承和弘扬优秀佛教文化，是摆在我们面前的一个重要课题，人民东方出版传媒有限公司拟对繁体字版的《中国佛教经典宝藏》进行修订，并出版简体字版的《中国佛学经典宝藏》，随喜赞叹，寥寄数语，以叙因缘，是为序。

二〇一六年春于南京大学

大陆版序二

依空

身材高大、肤色白皙、擅长军事的亚利安人，在公元前四千五百多年从中亚攻入西北印度，把当地土著征服之后，为了彻底统治这里的人民，建立了牢不可破的种姓制度，创造了无数的神祇，主要有创造神梵天、破坏神湿婆、保护神毗婆奴。人们的祸福由梵天决定，为了取悦梵天大神，需要透过婆罗门来沟通，因为他们是从梵天的口舌之中生出，懂得梵天的语言——繁复深奥的梵文，婆罗门阶级是宗教祭祀师，负责教育，更掌控了神与人之间往来的话语权。四种姓中最重要的是刹帝利，举凡国家的政治、经济、军事、文化等等都由他们实际操作，属贵族阶级，由梵天的胸部生出。吠舍则是士农工商的平民百姓，由梵天的膝盖以上生出。首陀罗则是被踩在梵天脚下的土著。前三者可以轮回，纵然几世轮转都无法脱离原来种姓，称为再生族；首陀罗则连轮回的因缘都没有，为不生族，生生世世为首陀罗，子孙也倒霉跟着宿命，无法改变身份。相对于此，贱民比首陀罗更为卑微、低贱，连四种姓都无法跻身其中，只能从事挑粪、焚化尸体等最卑贱、龌龊的工作。

出身于高贵种姓释迦族的悉达多太子，为了打破种姓制度的桎梏，舍弃既有的优越族姓，主张一切众生皆平等，成正等觉，创立了佛教僧团。为了贯彻佛教的平等思想，佛陀不仅先度首陀罗身份的优婆离出家，后度释迦族的七王子，先入山门为师兄，树立僧团伦理制度。佛陀更严禁弟子们用贵族的语言——梵文宣讲佛法，而以人民容易理解的地方口语来演说法义，这就是巴利文经典的滥觞。佛陀认为真理不应该是属于少数贵族、知识分子的专利或装饰，而应该更贴近普罗大众，属于平民百姓共有共知。原来佛陀早就在推动佛法的普遍化、大众化、白话化的伟大工作。

佛教从西汉哀帝末年传入中国，历经东汉、魏晋南北朝、隋唐的漫长艰巨的译经过程，加上历代各宗派祖师的著作，积累了庞博浩瀚的汉传佛教典籍。这些经论义理深奥隐晦，加以书写的语言文字为千年以前的古汉文，增加现代人阅读的困难，只能望着汗牛充栋的三藏十二部扼腕慨叹，裹足不前。

如何让大众轻松深入佛法大海，直探佛陀本怀？佛光山开山宗长星云大师乃发起编纂《中国佛教经典宝藏》。一九九一年，先在大陆广州召开“白话佛经编纂会议”，订定一百本的经论种类、编写体例、字数等事项，礼聘中国社科院的王志远教授、南京大学的赖永海教授分别为中国大陆北方与南方的总联络人，邀请大陆各大学的佛教学者撰文，后来增加台湾部分的三十二本，是为一百三十二册的《中国佛教经典宝藏精选白话版》，于一九九七年，作为佛光山开山三十周年的献礼，隆重出版。

六七年间我个人参与最初的筹划，多次奔波往来于大陆与台湾，小心谨慎带回作者原稿，印刷出版、营销推广。看到它成为佛教徒家中的传家宝藏，有心了解佛学的莘莘学子的入门指南书，为星云大师监修此部宝藏的愿心深感赞叹，既上契佛陀“佛法不舍一众”的慈悲本怀，更下启人间佛教“普世益人”的平等精神。尤其可喜者，欣闻现大陆出版方东方出版社潘少平总裁、彭明哲副总编亲自担纲筹划，组织资深编辑精校精勘；更有旅美企业家鲁彼德先生事业有成之际，秉“十方来，十方去，共成十方事”之襟怀，促成简体字版《中国佛学经典宝藏》的刊行。今付梓在即，是为序，以表随喜祝贺之忱！

二〇一六年元月

目　录

题
解

过去，人们对于禅宗史的了解主要凭依着两类资料：一类是禅家灯录或语录，如《景德传灯录》《五灯会元》《古尊宿语录》等；一类是佛门史传，如《高僧传》《佛祖统纪》《释氏稽古略》等。当然这些资料很有系统也很珍贵，不过，这些书毕竟还不够。

首先，它们问世较迟，像《宋高僧传》成书于北宋端拱元年（公元九八八年），而原来最早专门记载南宗禅史的《景德传灯录》则完成于北宋真宗景德年间（公元一〇〇四—一〇〇七年），这时上距六祖惠能圆寂（公元七一三年）已近三百年，距初祖菩提达磨来华（五世纪七十年代）更有五百余年之久，因而有不少语焉不详的地方，总是给后人留下了缺憾；其次，大多数灯录、语录都属南宗禅的“一家之言”，出于对宗脉的崇敬维护之情，它们中间不免有一些以讹传讹、夸张失实之处，那些增益传言的想象之辞总是让后人生出疑窦。

因此，尽管人们还可以从史书、碑志、笔记中再发掘一些禅宗史料，但单凭这些东西，是难以重建精确可靠的禅宗历史的。

可是，二十世纪以来，两方面的文献大发现一下子改变了过去史料匮乏或失真的情况。一是敦煌禅宗典籍的问世，《楞伽师资记》《传法宝纪》《神会和尚遗集》及敦煌本《坛经》等等文献的出世与研究，使早期禅宗史、禅宗南北之争、荷泽一脉的历史作用等过去灯录中语焉不详的问题逐步明朗化，使人们能够比较清晰地勾勒出禅宗的历史轮廓和演进脉络；二是日本、中国、朝鲜陆续发现了一批湮没多年久已失传的禅书，像一九三三年、一九三四年分别在日本、中国发现的唐智炬撰《宝林传》一残卷，就为禅宗灯录体例及资料的来龙去脉提供了一个线索。

而这里要介绍的，二十世纪初在朝鲜庆尚南道伽耶山海印寺发现的二十卷《祖堂集》，也是一部十分珍贵的早期南宗禅史籍，它在中国失传已经近千年了。

“祖堂”本来指禅宗供奉宗祖及历代祖师遗像及牌位的地方。禅宗虽提倡“自心顿悟”。但也很看重“一灯燃千灯”的师承，为禅宗写史，亦须厘清祖师宗脉的统系，梳理灯灯相续的路向，所以禅宗史书或以“祖堂”“祖庭”为名，或以“传灯”“广灯”为题。

这部《祖堂集》共二十卷，便是五代南唐保大十年（公元九五二年）泉州招庆寺静、筠二位禅师编集的南宗禅史，但它成书比最早以“灯”为名的《景德传灯录》要早半个世纪。

关于静、筠二禅师，我们实在不清楚，因为他们的生平事迹，没有一星半点留传下来，只是从《祖堂集》卷首的文澄禅师序中大约可以推断，他们都是雪峰义存禅师（公元八二二—九〇八年）门下后裔，是住招庆寺的禅师。招庆寺在福建泉州，历史上出过好几个出名的禅师，像长庆慧棱（公元八五四—九三二年）、招庆道匡、招庆省澄（即文澄），想来静、筠二人不是文澄的同辈就是他的弟子辈，应属雪峰义存下第三代或第四代，也就是说，他们是南宗禅青原行思、石头希迁、天皇道悟、龙潭崇信、德山宣鉴、雪峰义存一系的传人。

在静、筠二禅师编纂《祖堂集》时，禅宗已经进入了所谓“五家”时代，不仅神秀一系北宗禅已衰落，连对于开创南宗禅极为重要的荷泽神会一支也逐渐湮没，这时兴盛的是由青原行思（公元？—七四〇年）、石头希迁（公元七〇〇—七九〇年）及南岳怀让（公元六七七—七四四年）、马祖道一逐渐发展起来的两大支，以及由这两大支中再衍生出来的曹洞、临济、云门、沩仰、法眼等五家。

静、筠二禅师虽不在“五家”之内，但他们作为青原下七世（或八世）弟子，在编《祖堂集》时自然按照他们的思路，重点记载了青原、南岳两支的情况，在《祖堂集》二十卷里，除了卷一到卷三例行登录佛祖、西天二十八祖、东土六祖及惠能各弟子外，卷四到卷十三，共以十卷篇幅详细记载了青原以下石头希迁等一百余位禅师的事迹言论，卷十四到卷二十，共以七卷篇幅记载了南岳以下马祖道一等八十余位禅师的事迹言论。

其中，除年代略晚的法眼宗开创者清凉文益（公元？—九四九年）外，这两大支的重要人物包括曹洞宗创始人洞山良价、曹山本寂，临济宗创始人临济义玄，云门宗创始人云门文偃，沩仰宗创始人沩山灵祐、仰山慧寂的生平事迹言论，都记载在《祖堂集》里。可以说，《祖堂集》比较系统地记载了五代以前的禅宗史迹，比较全面地反映了南宗禅眼中的“禅宗史”。

尽管我们说它是“南宗禅眼中的‘禅宗史’”，但并不意味着它带有很强的宗派偏见，至少，静、筠二禅师在编纂时是很严谨细致的。《祖堂集》许多章次前，都有“未睹行录，不决始终”这样的字样，这反过来可以说明在编纂中，静、筠二禅师是参阅了大量禅师行录的，而这些行录不仅在今天，甚至在宋代就已经看不到了。

在《祖堂集》许多章次末，都有"某某撰碑"这样的记述，这又正好说明在编纂时静、筠二禅师是看到不少碑文的，而这些碑文在宋代也许就失传，在今天就更不见已久了。所以，由于《祖堂集》参考了不少原始资料，它就具有了相当高的可信程度，能提供不少珍贵的历史线索。

比如说，禅师的生卒年是我们确定禅宗活动时间的重要坐标，而《祖堂集》所记载的二百多人中，就有四十五人有明确的生卒年，其中如龙潭如新（公元八九四—九三四年）、双峰道允（公元七九八—八六八年）、慧目山玄昱（公元七八七—八六八年）、永泰灵瑞（公元七六〇—八二九年）、梵日大师（公元八一〇—八八九年）等人的生卒年，在《景德传灯录》《五灯会元》等书中就找不到。

又比如说，禅师的活动是我们研究禅宗史的基本资料，而《祖堂集》里记载的不少禅师事迹与言论，就在其他禅书中失载或误载。像著名的百丈与马祖关于"野鸭子"的问答，《景德传灯录》不载，《五灯会元》《古尊宿语录》以下均以百丈为百丈怀海禅师，并以此事为百丈怀海悟道的契机，但据《祖堂集》卷十五《五泄和尚》一节，这百丈乃是百丈惟政，很可能是怀海名声显赫，后人才张冠李戴。

又像前面提到的永泰灵瑞，在《景德传灯录》中仅有一个名字在目录中，在《五灯会元》中也同样如此，但同书卷四又突然登录了他的三个弟子（上林戒灵、秘魔岩和尚、祇林和尚），以至于法脉有尾无头，空缺一环。而在《祖堂集》中却有完整的记载在。

又像云门宗创始者文偃禅师的《十二时歌》，在《景德传灯录》《五灯会元》《宋高僧传》中都不见记载，连收录颇全的《云门匡真禅师广录》也只有残缺简略的片段，但在《祖堂集》中却收录得很完整。

当然，最引人注意的，是《祖堂集》卷五《大颠和尚》中载录的韩愈与大颠的不少对话，这些《景德传灯录》等不载的对话为“儒学大师韩愈是否受到禅宗影响”“坚决辟佛的斗士韩愈是否也有亲佛倾向”等一直聚讼不已的问题提供了一个时代较早的证据，给唐宋之际思想变迁的研究提供了重要线索。

可是，宋代人修纂禅宗灯录时，似乎并没有看到《祖堂集》，也许是它流传不广的缘故，据日本学者柳田圣山的研究，北宋时期的大量佛学著作中，只有两三处提到过它，景祐元年（公元一〇三四年）成书的《崇文总目》子部中也只登录了一个只有一卷的《祖堂集》，这说明《祖堂集》在北宋已经十分罕见，而此后近一千年中，《祖堂集》更是湮没如石沉大海，在中国失踪。直到二十世纪初敦煌文献出土后，日本佛学界为重编《大藏经》而进行广泛调查时，才由《大藏经》编集者之一小野玄妙在朝鲜海印寺发现了这部无论是在日本还是在中国都不曾听说的禅宗史书。

据日本学者的分析，它可能是被在中国留学的朝鲜禅师抄回去的，后来略为增益，于高丽高宗三十二年（公元一二四五年）作为高丽版《大藏经》的附录被刊刻出来，这才使得《祖堂集》没有湮灭失传，于千年之后又重新面世。

禅宗尤其是惠能以下的南宗禅宗，在中国文化史上的影响极其巨大。我们知道，早期禅宗如菩提达磨以"二入四行"，提倡通过"禅定"与"修行"的方法来克服"客尘妄覆"，恢复"同一真性"，毕竟还保留了很浓厚的印度禅学色彩，并未完全肯认人的心灵自由（参见《楞伽师资记》）；四祖道信的"择地开居、营宇立像"，五祖弘忍的"念佛名，令净心"（《传法宝纪》）以及神秀的"依《文殊说般若经》'一行三昧'"（《楞伽师资记》）也还是给外在的诵经行善、内在的艰苦修炼以重要的地位，并不能达到"自由无碍"的境界。虽然他们也认为"或可谛看，心即得明净"，但仍要"不得懈怠，努力努力"，仍需"一年"或"三五年"的时间（《楞伽师资记》引道信《入道安心要方便》)。

但是，到了惠能以后，简捷方便的“顿悟”代替了艰辛繁复的“渐修”，内在的心性自觉取代了外在的行为约束，自心是佛的个性突出取代了尊佛敬祖的权威崇拜。于是，使禅宗摆脱了印度禅学的旧格局，成了中国式的人生艺术与哲学，特别是在石头希迁、马祖道一时代，也就是唐代安史之乱结束进入中唐的时代，这种更为潇洒自由的人生解脱论逐渐蔓延开来。《祖堂集》卷四曾记载了青原行思（靖居行思）与石头希迁的对话。

思和尚问:“你已是受戒了也，还听律也无？”

（希迁）对曰:“不用听律。”

思曰:“还念戒也无？”

对曰:“亦不用念戒。”

既不听律，也不念戒，只需反观体验自己清净无垢的心灵，依着这心灵自由地生存，这就使禅宗解脱了束缚，并向世俗自由迈了一大步。《景德传灯录》卷六又记载马祖道一的一段问答:

僧问:“和尚为什么说‘即心即佛’？”

师云:“为止小儿啼。”

僧云:“啼止后如何？”

师云:“非心非佛。”

本来，“即心即佛”是禅宗的命题之一，《五灯会元》

卷二记韶州法海见六祖时即问过“即心即佛”,《祖堂集》卷三司空山本净答中使杨光庭问时也说过“即心是佛”,这大概是南宗禅初期的思想，其本意也是把外在的佛祖崇敬转化为内在心性自觉。可是到了马祖道一这里，却把它看作是启迪人悟入的第一步，只是为哄小儿止啼的权宜方便，而一旦真正悟入，则要“非心非佛”突破一切障碍，这就更突现了人的自由与尊严，为人的艺术人生开辟了一条新路。

据我们的研究，这一思想至少在东寺如会的再三强调（见《祖堂集》卷十五），南阳慧忠的大力表彰（同上卷三），惟宽、怀晖等马祖弟子成功入京，使“法门大启，传千百灯”(《宋高僧传》卷九）之后，就成了禅宗思想的主旋律，也开创了南宗禅的辉煌时代。

而这一辉煌时代，也就是中晚唐至五代，正是《祖堂集》所记载的这个时代，通过《祖堂集》，读者不仅可以看到禅宗逐渐兴盛的史迹，也可以看到禅学逐渐中国化，成为中国文化基因的历程，还能看到禅宗逐渐摆脱旧禅学对身心的双重束缚，转而开创活泼灵动、富于诗意的新禅学的路向。

这部《祖堂集》是以史传的形式编纂的，这一点与后来的灯录大体相似，因而我在总数二百多位人物中挑选了二十九位供读者阅读。我在挑选时并没有以《祖堂集》的史料价值为依据，因为这样做太专业化了，而是按照禅宗史的脉络，把菩提达磨以下尤其是惠能以下重要的禅师挑选出来供读者阅读，也许这样能使阅读者对禅宗史的一般线索有所了解。

这部《祖堂集》的各个人物传中，记载了大量的问答与演说，这是禅宗思想的最重要资料，和其他灯录一样，这些问答与演说里蕴含了精深的佛理和巧妙的玄机，表面上看来似乎丈二金刚摸不着头脑，但仔细体验却充满了智慧与巧思。

但是，古今悬隔，时代久远，这些话语对于现代的读者也许已有隔膜，特别是《祖堂集》中有大量的俗字俗语，这些唐五代人的“白话”对于今天的读者似乎比“文言”更难懂。因此，我在注释中除了解释必要的历史事项和语词之外，也比较详细地对佛教禅宗用的术语、禅师机锋中的意蕴进行了注解与阐释，这部分注释引述了一些资料，解说了一些思想，可能会比较烦琐，也可能略嫌专门，但我相信它对读者了解禅宗思想及发展会有裨益的。

这部《祖堂集》采译文与原典相互对照的方式，为了使读者顺利阅读，我在译文中采取的是“直译”和“意译”相结合的办法，不少地方都绞尽脑汁，生怕破坏了禅师话语的风趣、幽默、简洁与机智，可是，禅语里太多的机锋和术语使译文总是不能完成它传达的任务。

于是我恳请读者若有时间与兴趣，还是去读后面附的原文与注释，因为再好的译文对于原文也是一次“损伤”，否则，为什么《宋高僧传》卷一要说“译”是“易”呢？因为凡文字一经翻译，必然有了变易。

经
典

1 第二十八祖菩提达磨和尚

原典

第二十八祖菩提达磨[①]和尚者，南天竺国香至大王第三太子也，得般若多罗[②]法。

达磨和尚泛海东来，经于三载，梁普通八年丁未[③]之岁九月二十一日至于广州上舶，刺史萧昂出迎，奏闻梁帝，十月一日而至上元[④]，武帝亲驾车辇迎请大师升殿供养。

是时，志公和尚[⑤]监修高座寺，彼谓寺主僧灵观曰："汝名灵观，实灵观不？"

灵观曰："唯愿和尚指示。"

志公曰："从西天有大乘菩萨而入此国，汝若不信，听吾谶曰：'仰观两扇[⑥]，低腰捻钩[⑦]。九乌射尽[⑧]，唯有一头[9]。至则不久[10]，要假须刀[11]。逢龙不住[12]，过水则逃[13]。'" 尔时，灵观则以纸笔录于记之。

尔时，武帝问："如何是圣谛第一义？"

师曰："廓然无圣。"

帝曰："对朕者谁？"

师曰："不识。"[14]

又问："朕自登九五[15]以来，度人造寺，写经造像，有何功德？"

师曰："无功德。"[16]

帝曰："何以无功德？"

师曰："此是人天小果，有漏之因，如影随形，虽有善因，非是实相。"[17]

武帝问："如何是实功德？"

师曰："净智妙圆，体自空寂，如是功德，不以世求。"[18]

武帝不了达磨所言，变容不言。达磨其年十月十九日自知机不契，则潜过江北入于魏邦。

志公特至帝所问曰："我闻西天僧至，今在何所？"梁武帝曰："昨日送过江向魏。"

志公云："陛下见之不见，逢之不逢。"

梁武帝问："此是何人？"

志公对曰："此是传佛心印观音大士。"

武帝乃恨之曰：“见之不见，逢之不逢。”即发中使赵光文往彼取之。

志公云：“非但赵光文一人，阖国取亦不回。”[19]

大师自到东京[20]，有一僧名神光[21]，昔在洛中，久传庄老，年逾四十。得遇大师，礼事为师，从至少林寺。每问于师，师并不言说，又自叹曰：“古人求法，敲骨取髓，刺血图像，布发掩泥，投崖饲虎，古尚如此，我何惜焉？”

时大和十年[22]十二月九日，为求法故，立经于夜，雪乃齐腰，天明，师见问曰：“汝在雪中立，有如何所求耶？”

神光悲啼泣泪而言：“唯愿和尚开甘露门，广度群品。”

师云：“诸佛无上菩提远劫修行，汝以小意而求大法，终不能得。”

神光闻是语已，则取利刀自断左臂，置于师前，师语神光云：“诸佛菩萨求法，不以身为身，不以命为命，汝虽断臂求法[23]亦可在。”遂改神光名为慧可。

又问：“请和尚安心。”

师曰：“将心来与汝安心。”

进曰：“觅心了不可得。”

师曰：“觅得岂是汝心？与汝安心竟[24]！”

达摩语慧可曰："为汝安心竟，汝今见不？"

慧可言下大悟，慧可白和尚："今日乃知一切诸法本来空寂，今日乃知菩提不远，是故菩萨不动念而至萨般若海[25]，不动念[26]而登涅槃岸。"

师云："如是如是。"

慧可进曰："和尚此法有文字记录不？"

达磨曰："我法以心传心，不立文字。"

注释

①**第二十八祖菩提达磨：**即禅宗典籍中所说的"东土初祖"，据禅宗的传说，佛祖传禅法于大迦叶之后，代代授法，在印度一共传了二十八代，菩提达磨即第二十八代祖师。关于他的生平记载十分零乱，但据比较通行的说法，他是南天竺人，南朝宋末经海路到广州，不久北上，在洛阳、嵩山等地游历并传授禅法，并收慧可为徒，开中国禅宗一派，所以被尊为"东土初祖"，大约卒于公元六世纪三十年代。传世的《二入四行论》（即敦煌本《楞伽师资记》所说的《达磨论》或《大乘入道四行》）比较能反映他的思想，"二入"即"理入"（通过体验、理解及禅定进入悟境）、"行入"（凭借实践修行达到佛界），其中"行入"又分"四行"，即报怨行、随缘行、

无所求行、称法行。

②**般若多罗：**传说中西天第二十七祖，菩提达磨之师。

③**普通八年丁未：**是五二七年，这是古代禅籍中对达磨到中国时间的通常说法之一，但现代禅宗史研究者大都认为达磨到广州是在南朝宋代（公元四二〇—四七八年）末年，《续高僧传》即说他“初达宋境南越，末又北度至魏”，可参见胡适《菩提达磨考》(《胡适文存》三集)。

④**上元：**即今江苏南京，是梁代京城。

⑤**志公和尚：**即南朝齐、梁时著名僧人宝志（又名保志，公元四一八—五一四年），相传他在宋太初元年（公元四五三年）后即有神异，有时作诗说话如同谶记（预言），经常灵验，齐武帝、梁武帝都很崇信他。

⑥**仰观两扇：**仰观者，霄也；两扇者，梁也，萧梁帝是。意思是说这句谶语暗指梁武帝萧衍。

⑦**低腰捻钩：**低腰捻者，十字也；钩者，月字也，十月到也。意思是说这句谶语暗示菩提达磨十月份到。

⑧**九乌射尽：**九乌者，日也；射尽者，二十九也，月尽。

⑨**唯有一头：**一头者，十月初一日。即谓达磨十月一日到也。以上两句谶语是暗示达磨十月初一到上元，

而不是其他日子到上元。

⑩**至则不久**：在梁国十九日便过江北，故言不久。

⑪**要假须刀**：斫仁义也。这句谶语的意思大概是暗指下面达磨与梁武帝关于“功德”的对话，菩提达磨否定外在的度人造寺写经造像而肯定内在的“净智妙圆，体自空寂”，而梁武帝却以为前者是“功德”，所以志公说达磨要以智慧之刀剑斩仁义之愚行。

⑫**逢龙不住**：初祖见武帝，故言逢龙，祖师所答不称帝心，急便过江，故言不住。这句谶语是暗示达磨与梁武帝相见并不投合而渡江北去。

⑬**过水则逃**：《宝林传》卷八载此事，即过江入魏。以上八句谶语，《景德传灯录》《五灯会元》均未载，最早见于《宝林传》。

⑭“圣谛第一义”指佛教第一要义或佛法最根本的道理；“廓然无圣”的意思是万法皆空，并无圣谛；“对朕者谁”指在我（梁武帝自称）面前的是什么人；“不识”是说我不知我是什么人，达磨在这里暗含了“无我无圣”的机锋。这段记载据日本学者考证是后世禅僧根据僧肇《涅槃无名论》杜撰出来的（参见忽滑谷快天《禅学思想史》上册三〇七页），最早即出自本书（参见印顺《中国禅宗史》一章一节）。此前，唐道宣《续高僧传》、净觉《楞伽师资记》，最澄《内证佛法相承血脉谱》引《传

法记》及敦煌本《历代法宝记》均不载这一段对话（参见胡适《菩提达磨考》)。

⑮**登九五：**即登基做皇帝。古代术数家认为《周易》中《乾卦》九五“飞龙在天”象征帝位，所以登基也叫登九五。

⑯度人为僧、建造寺院、抄写佛经、建造佛像，在通常都被认为是有功德的事。《梁书》卷三《武帝本纪下》曾多处记载梁武帝崇佛之事，如“及居帝位，即于钟山造大爱敬寺，青溪边造智度寺……笃信正法，尤长释典，制《涅槃》《大品》《净名》《三慧》诸经义记，复数百卷，听览余闲，即于重云殿及同泰寺讲说，名僧硕学、四部听众常万余人”。

按照佛教传统说法，“在家之人当行财施”(《诸经要集》卷二)，像梁武帝这样又以“财施”，又精佛典，甚至要舍身敬佛的在家之人，应该是有功德的，所以他才有意如此问达磨，但没想到达磨却断然否定。

⑰“人天小果”是借用了华严判教术语,《大乘义章》卷一载晋刘虬首创的判教论，认为佛陀最初启示人以“五戒十善”，使人生于人间，遵五戒、行十善而终升天上，所以叫“人天教”。但据刘虬说，“人天教”只是佛教五教中最基础的一种教门（以上依次是有相教、无相教、同归教、常住教），所以行这些五戒十善，只能有小果而

不能有大成。“有漏之因”指具有烦恼，能导致流转生死的业因，“漏”是梵文 Āsrava 的意译，即烦恼，“有漏”是梵文 Bhavāsrava 的意译，指具有烦恼。菩提达磨这段话的意思是说，梁武帝所说的“功德”只是“五戒十善”的人天福报，它并不能从根本上消除烦恼业因，得大解脱，它虽有善因，但终究只能成小果，心灵深处的“有漏之因”仍然如影随形地附着着，因而终究不是涅槃境界。

⑱达磨所认定的真正功德是清净无垢、圆融玄妙的智慧和空寂无为、无凡无圣的体证，而这种智慧体证绝非度人造寺写经造像所能获得的，必须“自内所证”。宗宝本《坛经·疑问品》中记载这个故事，惠能说：“梁武心邪，不知正法，造寺度僧，布施设斋，名为求福，不可将福便为功德，功德在法身中，不在修福。”以上这一段对话的来历比前一段早，九世纪初日本僧最澄《内证佛法相承血脉谱》引《传法记》及敦煌本《历代法宝记》均载此事。

⑲这段记载也最早见于《宝林传》。赵光文，不详。

⑳**东京**：指洛阳，东京是汉代及唐代的说法。

㉑**神光**：即禅宗东土二祖慧可禅师（公元四八七—五九三年），他约在北魏正光年间（公元五二〇—五二五年）遇见达磨，尚未到四十岁，但《续高僧传》《楞伽师

资记》等均与本书一样说他是“年登四十”才拜达磨为师的。

㉒**大和十年**：此说恐有误，《景德传灯录》卷三十一《传法正宗记》卷六说是正光元年（公元五二〇年）。

㉓断臂求法的故事来源很早，在初唐法琳所撰的碑文中就有（见《传法正宗记》引），后敦煌本《楞伽师资记》《传法宝纪》及《宝林传》都有，但唐初道宣《续高僧传》卷十六却说他是“遭贼斫臂”。

㉔**与汝安心竟**：这里所指的“心”，不是生理上的“肉心”，而是安身立命、无形无相、空寂广大、具于自身的“自心”。

㉕**萨般若海**：梵语 Sarvajñā，意译为一切智。指了知内外一切法相之智，即指佛智而言，又以海比喻一切智之广大。

㉖**不动念**：即后世禅师所说的“以无念为宗”，只要“自心”一念不动，清净空明，即明了佛性。

译文

禅宗西土第二十八代祖师、东土第一代祖师菩提达磨和尚，本是南天竺国（今印度南部）香至大王的三太子，从般若多罗那里学到了无上正法。

他泛海东来，经历三个春秋，在南朝梁武帝普通八年（公元五二七年）九月二十一日才到达广州，受到刺史萧昂的欢迎，萧昂把达磨的消息报告了梁武帝，十月一日，达磨也来到梁的京城上元，梁武帝亲自驾车迎接，并请达磨到皇宫中去居住。

当时，志公大师正在监修高座寺，他对寺主灵观说："你名叫灵观，你真的能灵观吗？"

灵观说："我不太懂你的意思，请你明白地指示。"

志公说："有一个大乘菩萨从西天到中国来了，你如果不信，就听我下面这首谶语，将来会一一应验的。谶语是：'仰观两扇，低腰捻钩。九乌射尽，唯有一头。至则不久，要假须刀。逢龙不住，过水则逃。'"于是灵观就把这首谶语用纸记了下来。

梁武帝见到达磨，就问达磨："敢问佛法最精妙的义旨是什么？"

达磨回答说："一片空无，没有什么圣人，也没有什么最精妙的义旨。"

梁武帝又问："那么面对我的是谁？"

达磨回答："不认识。"

梁武帝又问："自我登基当天子以来，度人为僧，修建佛寺，抄写经文，塑造佛像，这一切有什么功劳善德？"

达磨回答:“没有功劳也没有善德。”

梁武帝追问:“为什么没有功劳善德?”

达磨回答道:“这些都只是人天的福报，虽然遵循五戒十善，但烦恼业因生死因果依然没有消除，它们仍然如影随形在人心中，纵然有些行善的修持，但这终究不能达到彻底无碍的涅槃境界。”

梁武帝再追问:“那么依你的看法，什么才算真正的功劳善德?”

达磨说道:“清净无垢、圆满玄妙的智慧，空寂无为、无凡无圣的心灵，这样的境界是不可以在世俗的行为中求得的。”

梁武帝不能理解达磨的话，于是变了脸色，一言不发。达磨心下明白话不契机，无法宣教，便于十月十九日悄悄渡江北上到了魏国。

第二天，志公得知达磨到来便到梁武帝那里询问:“我听说西天有和尚来，现在在哪里?”梁武帝说:“昨天刚刚送过江北。”

志公便说:“陛下，你真是见而不见，逢而不逢啊!”

梁武帝很诧异，就问:“他到底是什么人?”

志公回答说:“这正是来传授佛陀心法的观音大士呀!”

梁武帝便大为后悔，连声叹息："见而不见，逢而不逢！"于是派中使赵光文去追达磨。

志公劝阻说："算了，不要说赵光文一个人，就是派全国人也追不回来的。"

达磨到了洛阳，遇到一个僧人，这个僧人叫神光，以前在洛阳一带讲老子、庄子之学，年纪已四十开外。神光遇到达磨后，便拜达磨为师，一同到了少林寺。神光每每向达磨请教，达磨都不说话，他叹息道："古人为了求得佛法真谛，敢于敲骨取髓，刺血画像，布发掩泥，投崖喂虎，古人尚且有如此牺牲精神，我为什么不能舍弃一切？"

在大和十年（一说正光元年，即公元五二〇年）十二月九日，为了求得佛法真谛，他站在大雪之中整整一夜，雪都掩到了他的腰际，天亮后，达磨见他便问："你在雪中站立一夜，难道有什么要求的吗？"

神光流泪说道："只是希望大师像甘露一样普洒大众，广开法门，救度众生。"

达磨便试探说："诸佛为得无上正法经历了长久的修行生涯，你只是以自家的心愿、小小的苦难就想获得伟大精深的佛法，未免是痴心妄想吧？"

神光一听这话，便取来快刀一下子将自己的左臂砍下，放在达磨面前，达磨大为感动，便对神光说："诸佛祖及菩萨为了寻求佛法真谛，毫不顾惜身体乃至性命，你如今虽然只是舍弃左臂，却也算很有求法的精神了。”于是便将神光的法号改为慧可。

慧可对达磨说：“请和尚为我安心。”

达磨说：“你把‘心’拿来我就替你安心。”

慧可说：“我找不到自己的心。”

达磨便说：“能找得到的，拿得出来的，还能叫作是‘心’吗？如今我已经给你安心了。”

他又对慧可说：“我已经给你安心完毕，你看见了没有？”

慧可一听，顿时大悟，便对达磨说：“到今天我才明白一切现象本来都是空幻假相，到今天我才明白智慧觉悟就在自家心灵之中，所以菩萨心不起念，就已具足了一切智，心念不动就是解脱彼岸。”

达磨点头道：“正是如此！正是如此！”

慧可又问道：“和尚的这一精妙佛法有文字记录吗？”

达磨说道：“我的佛法是以心传心，不用文字的。”

2　第三十二祖弘忍和尚

原典

第三十二祖弘忍和尚[①]，即唐土五祖也，姓周氏，本居汝南[②]，迁止蕲州黄梅。诞生七岁出家，事信大师[③]。

时有卢行者[④]，年三十二[⑤]，从岭南来[⑥]，礼觐大师，大师问："汝从何方而来，有何所求？"

行者对曰："从新州来，来求作佛。"

师云："汝岭南人无佛性也。"

行者云："人则有南北，佛性无南北。"

师云："汝作何功德？"

行者对云："愿竭力抱石舂米，供养师僧。"师便许之。于一日一夜舂得一十二石米，首末亲事。经八个余月，行者又问曰："如何是大道之源？"

师曰："汝是俗人，问我此事作什么？"

对曰："世谛[7]即有僧俗，道岂寻人耶？"

师曰："汝若如此，莫从人觅。"

进曰："与么即不从外得？"

师曰："内亦非。"[8]

大师临迁化时告众云："正法难闻，盛会希逢，是你诸人如许多时在我身边，若有见处，各呈所见，莫记吾语，我与你证明。"

时众中有神秀[9]，闻师频训告，遂挥毫于壁书偈曰："身是菩提树，心如明镜台；时时勤拂拭，莫使有尘埃。"[10]

师见此偈乃告众曰："是你诸人若依此偈修行，而得解脱。"众僧总念此偈。

有一童子碓坊里念此偈，行者曰："念什么？"

童子曰："行者未知第一座[11]造偈呈师，大师曰：若依此偈修行而得解脱。"

行者曰："某甲不识文字，请兄与吾念者，我闻愿生佛会。"

有一江州别驾张日用[12]为行者高声诵偈，行者却请张日用："与我书偈，某甲有一个拙见。"

其张日用与他书偈曰："身非菩提树，心镜亦非台；本来无一物，何处有尘埃？"[13]

时大师复往观之，挥却了，举颜微笑，亦不赞赏，心自诠胜。师又去碓坊，便问行者："不易，行者，米还熟也未？"

对曰："米熟久矣，只是未有人簸。"⑭

师云："三更则至。"

行者便留，若至三更，行者来大师处，大师与他改名号为惠能，当时便传袈裟以为法信⑮，如释迦牟尼授弥勒记矣⑯。

注释

①**弘忍和尚：** 即禅宗五祖，生于隋文帝仁寿二年(公元六〇二年)，卒于唐高宗上元二年(公元六七五年)。据《五灯会元》卷一记载，他曾是"破头山中栽松道者"，后遇四祖道信，传得禅法，后住黄梅双峰山东山寺，聚徒讲习，当时号称"东山法门"。他的弟子中最重要的是神秀和惠能，自神秀与惠能起，禅宗分成了南北两宗，进入了一个新时期。

②**本居汝南：**《景德传灯录》卷三、《五灯会元》均不载，《宋高僧传》卷八说"家寓淮左浔阳"。今按：汝南在今河南南部，浔阳即今江西九江，"汝南"一说仅见于《祖堂集》，"浔阳"一说除《宋高僧传》外，尚有敦

煌本《楞伽师资记》。

各种禅宗灯录则不提原籍，直称其为蕲州黄梅人。蕲州黄梅即今湖北黄梅县，弘忍得道信禅法后所居之东山寺即在黄梅西南。

③**信大师：**即禅宗四祖道信（公元五八〇—六五一年），他曾在吉州（今江西吉安）传法，后至蕲州黄梅，改破头山为双峰山。他的弟子除弘忍外，还有开创牛头禅的法融。

④**卢行者：**即著名的禅宗六祖惠能，他俗姓卢，详见本书《第三十三祖惠能和尚》一节。

⑤关于惠能到黄梅参拜弘忍的年岁及时间，说法不一。《神会语录》后附《师资血脉记》、宗密《圆觉经大疏钞》及《历代法宝记》均说是惠能二十二岁时；法海《坛经略序》说是二十四岁时；《曹溪大师别传》说是三十四岁时，并说在咸亨五年（公元六七四年）；但《景德传灯录》《五灯会元》均说是“咸亨中”，但没有具体年份。但是依照《曹溪大师别传》关于惠能先天二年（公元七一三年）七十六岁灭度的年代算来，咸亨五年惠能是三十七岁，与各种说法都不合。

⑥惠能是新州（今广东）人，据说听人念《金刚经》有感，得知受于黄梅弘忍，于是便从岭南来求佛法。

⑦**世谛：**即世俗见解，与圣谛即佛教真理相对。

⑧大道之源在禅宗看来是清净自心，也就是“真如”，《宗镜录》卷九十七曾引弘忍的话说：“但守一心，即心真如门。”这“真如”并不能靠语言文字显示，正如达磨所说只能“以心传心”，凭自身的体验悟得，所以弘忍说，“道”既不来寻“人”，那么，“人”也不要从别人的宣说传授中觅“道”。

但是，在弘忍时代，禅宗尚未提出“即心即佛”一类完全内心化的思想，也未奉行“平常心是道”的无造作、无取舍、无断常的自然做法，还在恪守《楞伽》《起信》的“离念得入”思想，要“舍妄归真，凝住壁观”(《楞伽师资记》引达磨“二入四行”)，要“念佛名令净心”(《传法宝纪》记弘忍)，所以悟道又不能完全凭内在体验，所以弘忍说“内亦非”，这也是很吻合佛教“无内无外，非内非外”的逻辑的。

⑨**神秀**：（约公元六〇六—七〇六年），弘忍的上座弟子，禅宗北宗的创始人，弘忍去世后在荆州当阳山玉泉寺传法，曾被武则天召至洛阳及长安，亲加礼拜。据《楞伽师资记》说，他在回答武则天询问时，说他依据的典籍和理论是《文殊说般若经》之“一行三昧”。他在北方倡“渐悟”禅学，当时极盛，弟子有义福、普寂、法如等。

⑩这首偈语的前两句是说，身心本来清净，但也可

能染上尘埃。这大概是弘忍东山法门的一贯思想，敦煌出土题“蕲州忍和上”所撰实为弟子所记的《导凡趣圣悟解脱宗修心要论》中曾引《十地论》为依据，说：“众生身中有金刚佛性，犹如日轮，体明圆满，广大无边，只为五阴重云所覆。”（《楞伽师资记》亦有同样文句）神秀的这两句偈语就是这个意思。前一句即是《大乘无生方便门》中“心色俱离，即无一物，是大菩提树”，后一句即《大乘五方便》中“净心体犹如明镜”。

后两句是说，为了使身心清净，不染纤尘，就要不断地修持清扫，这种修持清扫的方法就是“戒”和“定”，前引《修心要论》就教人“观心”，即“好自闲静身心，一切无所攀缘”，通过这种艰苦认真的修行来保持“自性圆满清净之心”，在《修心要论》里弘忍说：“努力会是，守本真心，妄念不生，我所心灭，自然与佛平等不二。”神秀偈语正和他的老师弘忍所说的相似，因此才开创了主张“渐修”“坐禅”的北宗。

⑪**第一座：**即上座，指神秀。

⑫**张日用：**不详，敦煌本《坛经》载诵神秀偈者是童子，书惠能偈者才是张日用。

⑬这是一首传遍天下、象征了南宗禅诞生的偈语。这首偈语前两句是反驳神秀偈语中“身是菩提树，心如明镜台”，惠能的意思是身心并不像树、台一样会受到污

染，而是“无嗔无喜，无是无非，无善无恶，无有头尾，诸佛刹土，尽同虚空”（《坛经 · 般若品》）；因此后两句说，万法皆空，本来就没有任何“物”，连“尘埃”也只是空幻假相，那么又哪里有什么污染与不污染。（敦煌本《坛经》中后两句作“佛性常清净，何处有尘埃”。）

因此，依惠能的逻辑理路发展下去，就是不必苦苦坐禅，不必渐渐修持，“若起正真般若观照，一刹那间妄念俱灭，若识自性，一悟即至佛地”（《坛经·般若品》）。这样，就开启了追求自然适意，注重顿悟的南宗禅一派。

⑭这是暗指自己心地已经悟入，只是未得弘忍印可。

⑮**传袈裟以为法信：**即后世盛传的“传衣”故事。据说佛陀曾传衣给迦叶以证明他继承了佛法（见《杂阿含经》卷四十一），禅宗也传说代代相传正法的凭据是“衣将为信禀”，所以敦煌本《坛经》《宋高僧传》等均记载弘忍“以法衣寄托”之事。在唐中宗《召曹溪惠能入京御札》中也记载安、秀二禅师的话，说惠能“密受忍大师衣法”，可见此处的记载和《曹溪大师别传》中“传袈裟”的记载大体可信。据说，这件袈裟是“七条屈眴布青黑色，碧绢为里”，但这件象征法统的袈裟后来究竟到什么地方去了，这还是个悬案。

有一种说法是“嘉靖初年，魏庄渠提学粤东，游黄梅寺，借观初祖衣钵，信手碎之”（《茶余客话》卷十四)，这种说法破绽太多，不大可信，姑存之以备参考。

⑯授记，梵语叫“和加罗”，指佛陀对发正心生悟境的人授予未来做佛的凭记，据《弥勒上生经》及《弥勒下生经》记载，弥勒是佛的弟子，但先于佛入灭，佛陀曾给予授记，后上升兜率天内院，经四千岁下生人间，于华林园龙华树下成佛。这里用佛给弥勒菩萨授记比拟弘忍给惠能法衣。

译文

第三十二祖弘忍和尚，就是中国禅宗的第五代祖师，他本姓周，原籍在汝南，后迁到蕲州黄梅。七岁出家，后拜禅宗四祖道信为师。

当时有一位姓卢的行者，三十二岁，从岭南来礼拜弘忍和尚，弘忍问:“你从哪里来？有什么愿望？”

行者说:“我从新州来，来这里求成佛。”

弘忍说:“你们蛮荒之地的岭南人没有佛性。”

行者则说:“人虽然有南北之分，佛性却不分南北。”

弘忍便问:“那么你靠什么功德来求做佛呢？”

行者回答：“我愿意尽心尽力以石臼舂米来供养诸位师父。”弘忍便答应留下他。他一天一夜舂了十二石米，每件事都干得有始有终，不辞辛劳。过了八个多月，行者又来请教弘忍：“什么是大道的根本源头？”

弘忍说：“你是世俗之人，问这个问题做什么？”

行者回答说：“虽说按世俗见解，人有僧、俗之分，但真理难道会分僧、俗而不让人人都理解它么？”

弘忍说：“如果你这样认为，那么你不要向别人那里寻觅‘道’。”

行者就进一步追问：“这么说来，‘道’不是从外面寻觅来的了？”

弘忍说：“全从内部寻觅也不对。”

弘忍在临终前告诉大众：“真正的佛法很难听到，盛大集会的机会也不多，你们大众跟随我多年，如果有悟到的真谛，请你们各抒己见说出来，不要总是记诵我的话，你们说出来，我给你们印证。”

这时大众里有一位禅师叫神秀，他听到老师一再敦促，就挥笔在墙壁上写了一首偈语：“身是菩提树，心如明镜台；时时勤拂拭，莫使有尘埃。”

弘忍看后告诉大众：“你们大家依照这首偈语去修行，都可以得到解脱。”于是僧人们都念诵这首偈语。

有一个童子在碓坊里念这首偈语时被卢行者听到，行者就问：“你念什么？”

童子说：“行者，你还不知道，神秀上座写了一首偈语给师父看，师父说，依照这首偈语修行可以得解脱。”

行者便央求说：“我不识字，请你给我念念，我也想得到解脱超生西天啊。”

当时有一个江州别驾张日用就给他大声念诵了这首偈语，可卢行者却请求张日用说：“请你替我代笔写一首偈语，我有一个粗浅的见解也想写出来。”

张日用就替他写了，偈语是：“身非菩提树，心镜亦非台；本来无一物，何处有尘埃？”

那时弘忍也去看了这首偈语，弘忍把它抹掉，抬头微笑不语，也不称赞，心里已经有了决定。然后又去到碓坊，对行者说：“很不容易呀！行者，米舂好了没有？”

行者说：“米已舂好多时，只是没有人来筛。”

弘忍说：“三更时分就来了。”

行者就等到三更左右，到了弘忍和尚住处，弘忍为他改名号叫惠能，当时就把象征宗脉的袈裟，像释迦牟尼佛给弥勒菩萨信物一样，交给了惠能，作为传法的凭证。

3　第三十三祖惠能和尚

原典

第三十三祖惠能和尚[①]，即唐土六祖，俗姓卢[②]，新州[③]人也。

至仪凤元年[④]正月八日，南海县制旨寺[⑤]过印宗[⑥]，印宗出寺迎接归寺里安下[⑦]，印宗是讲经论僧也。

有一日正讲经，风雨猛动，见其幡动，法师问众："风动也？幡动也？"

一个云："风动。"

一个云："幡动。"

各自相争，就讲主[⑧]证明，讲主断不得，却请行者断。

行者云："不是风动，不是幡动。"

讲主云："是什么物动？"

行者云："仁者自心动。"[9]从此印宗回席座位。[10]

正月十五日剃头，二月八日于法性寺请智光律师受戒，戒坛是宋朝求那跋摩[11]三藏之所置也，尝云："后有肉身菩萨于此受戒。"梁末有真谛[12]三藏于坛边种菩提树，云："一百二十年后有肉身菩萨于此树下说法。"师果然于此树下演无上乘。

至明年二月三日，便辞，去曹溪宝林寺[13]说法化道，度无量众。师以一味法雨普润学徒，信衣不传[14]，心珠[15]洞付[16]，得道之者若恒河沙遍满诸方，落落星布。

时中使薛简[17]启师云："京城禅师大德教人，要假坐禅然方得道。"[18]

师云："由心悟道，岂在坐也！[19]故经云：若有人言如来，若来若去若坐若卧，是人行邪道，不解我所说义。[20]如来者，无所从来，亦无所去，故名如来。诸法空故，即是如来，毕竟无得无证，岂况坐耶？"

薛简曰："弟子至天庭，圣人[21]必问，伏愿和尚指授心要，传奏圣人及京城学道者，譬如一灯照百千灯，冥者皆明，明明无尽[22]。"

师云："道无明暗，明暗是代谢之义，明明无尽亦是有尽，相待立名。故经云：'法无有比，无相待故。'"[23]

薛简曰："明譬智慧，暗喻烦恼，学道之人若不用智慧照生死烦恼，何得出离？”

师云：“烦恼即是菩提，无二无别，故以智慧照烦恼者，是二乘人见解，有智之人终不如此。”㉔

薛简曰：“何者是大乘人见解？”

师云：“《涅槃经》云：明与无明，凡夫见二，智者了达，其性无别。无别之性，即是实性。处凡不减，在圣不增，住烦恼而不乱，居禅定而不寂，不断不常，不来不去，不在中间及其内外，不生不灭，性相常住，恒而不变，名之曰道。”㉕

简曰：“师也说不生不灭，何异外道说不生不灭？”㉖

师云：“外道说不生不灭，将生止灭，灭犹不灭。我说不生不灭，本自无生，今亦无灭，所以不同外道。㉗中使！欲得心要，一切善恶都莫思量，自然得入，心体湛然常寂，妙用恒沙。㉘”

时，薛简闻师所说，豁然便悟，礼师数拜，曰：“弟子今日始知佛性本自有之，昔日将谓太远；今日始知至道不遥，行之即是；今日始知涅槃不远，触目菩提；今日始知佛性不念善恶，无思无虑无造无作无住无为；今日始知佛性常而不变易，不被诸境所迁。”㉙

师每告诸善知识曰：“汝等诸人，自心是佛，更莫狐疑，外无一物而能建立，皆是本心生万种法，故经云：‘心生即种种法生，心灭即种种法灭。’汝等须达一相三昧、一行三昧[30]。一相三昧者，于一切处而不住相，于彼相中不生憎爱，不取不舍，不念利益，不念散坏，自然安乐，故因此名为一相三昧。一行三昧者，于一切处行住坐卧，皆一直心，即是道场，即是净土，此之名为一行三昧。”

注释

①**惠能和尚：**即禅宗六祖，南宗禅的创始人，据《曹溪大师别传》等记载，他生于唐太宗贞观十二年（公元六三八年），卒于唐玄宗先天二年（公元七一三年）。咸亨年间（公元六七〇—六七四年）赴黄梅参拜弘忍，后因诵出“身非菩提树”一偈（参见本书《第三十二祖弘忍和尚》一节），得到弘忍赞许，传得衣钵禅法，回到岭南。仪凤元年（公元六七六年）在南海法性寺遇印宗法师，得以落发，并由智光律师授戒，次年回韶州曹溪宝林寺，开“直指人心，见性成佛”的顿悟法门，逐渐形成与北方神秀一系相对抗的南宗禅。他的言论被弟子辑成《六祖法宝坛经》，成为后世禅宗的“宗经”。弟子有荷泽神会、南岳怀让、青原行思等。

②据本书、《宋高僧传》卷八、《景德传灯录》卷五说，惠能的父亲叫卢行瑫。

③**新州**：即今广东新兴县，据《六祖大师缘起外纪》等记载，惠能的父亲原来在范阳（今北京大兴、宛平）为官，唐高祖武德三年（公元六二〇年）九月贬到新州，于是惠能便为新州人。

④**仪凤元年**：是公元六七六年，惠能三十九岁。在此前，他于咸亨年间得到五祖弘忍衣钵，为了躲避其他师兄弟的争夺，回到岭南，在民间隐遁了很长时间，《坛经·行由品》说是十五年，王维《六祖能禅师碑铭》说是十六年，均不可靠，本书说"隐四会怀集之间首尾四年"，比较可信。

⑤**制旨寺**：一作"制止寺"，在今广东广州，始建于三国，唐太宗贞观十九年（公元六四五年）改为乾明、法性二寺，所以其他各种史籍均称法性寺。

⑥**印宗**：（公元六二七—七一三年），原是精通《大涅槃经》的僧人，先参弘忍，后遇惠能，参拜为师。著有《心要集》，传见《宋高僧传》卷四、《景德传灯录》卷五。

⑦这里说印宗和尚出寺迎接，但《景德传灯录》卷五却说"师寓止廊庑间"，似乎并没有欢迎他。相比之下后一种说法更可信些，因为当时惠能正在隐名埋姓、躲避隐遁之中，印宗不一定认识他。

⑧**讲主**：指印宗，印宗当时正在寺中讲《涅槃经》。

⑨风动幡动心动这个故事很有名，按元代释德异的说法乃是“开东山法门”的大事。但是敦煌本《坛经》、法海本《坛经》、王维《六祖能禅师碑铭》等均未记载，直到惠能入灭数十年后，才为成书于中唐的《历代法宝记》《曹溪大师别传》所载，因此也有学者怀疑它的可信程度。但是，这则故事的思想却是与惠能思想比较吻合的。禅宗一直信奉为“心要”的《楞伽经》卷三云：“如水大流尽，波浪则不起；如是意识灭，种种识不生。”正是说万法有动有静，皆是由心而起，因而有名有相。相即“眼识见前色等法相”，风动幡动即是相；名即“依彼法相起分别名”，风幡即是名。若心动识起，名相顿生，则风动幡动，所以《楞伽经》说是“藏识海常住，境界风所动，种种诸识浪，腾跃而转生”；但如心不动识不起，则名相不生，又何来风幡之动？

所以《八十华严经 · 十地品》说“三界所有，唯是一心”。惠能在《坛经 · 定慧品》中说“于境上有念，念上便起邪见，一切尘劳妄想，从此而生”，说“风动”“幡动”者即如此，所以惠能说这都是“仁者自心动”的缘故。

⑩宗宝本《坛经 · 行由品》、《景德传灯录》卷五与《曹溪大师别传》一样，都说自惠能说出“仁者自心动”后，一语惊人，印宗连忙询问是否五祖传衣之人，得惠能首肯后，便拜为师。这里记载较简略。

⑪**求那跋摩：**（Guṇavarman，公元三六七—四三一年），天竺僧人，南朝宋文帝元嘉元年（公元四二四年）曾到广州，后到建康（今南京），译有《菩萨善戒经》《昙无德羯磨》《优婆塞五戒略论》等，见《高僧传》卷三。

⑫**真谛：**（Paramārtha，公元四九九—五六九年），天竺僧人，梁武帝中大同元年（公元五四六年）到广州，后至建康，辗转游历今苏、浙、赣、闽，后又至广州，与弟子专心译经，梁陈之际约二十年间译有《金光明经》《摄大乘论》等六十四部二百七十八卷，为中国佛教四大译经家之一。传见《续高僧传》卷一。

⑬**曹溪宝林寺：**在今广东曲江县双峰山。据《祖庭事苑》卷一说，唐仪凤年间邑人曹叔良舍宅建寺，但法海《六祖大师缘起外纪》等说它建于梁天监二年，唐代又称法泉寺。惠能出山后曾居于此寺及华果寺等处多年，所以后来“曹溪”成了禅宗南宗的别称，柳宗元《大鉴禅师碑》云：“凡言禅皆本曹溪。”（《柳宗元集》卷六）

⑭**信衣不传：**指五祖弘忍所传的袈裟到惠能手中后不再往下传了，敦煌本《坛经》第四十九则中载惠能语即说“衣不合传”，因为达磨有“一华开五叶，结果自然成”的偈语，所以“信衣”只传五代而止。

但敦煌本《神会语录》五十五则（铃木大拙校订本）则记法海问“有此衣，何故不传”时，惠能说：“我缘此袈裟几失身命”，似乎是怕弟子纷争，就如神会《南宗定是非论》中所说的“因此袈裟，南北僧俗极甚纷纭，常有刀棒相向”。可能后一种说法可靠些。

圭峰宗密《圆觉经大疏钞》卷三下说：“缘达磨悬记，六代后命如悬丝，遂不将法衣出山”，则似乎把两种说法捏合在一起。

据唐代贾悚《扬州华林寺大悲禅师碑铭并序》说，神会在惠能临迁化时曾说：“衣所以传信也，信苟在，衣何有焉”，于是把袈裟藏在惠能的塔庙中，“以熄心竞”，这个记载不知是否可靠，但神会所说的话却可以与“信衣不传，心珠洞付”八字互相映证。

⑮**心珠**：即以心传心的禅宗真谛。

⑯**洞付**：即彻底显明地传授。

⑰**中使薛简**：《历代法宝记》说是“内侍将军”，各书均记载，薛简是神龙元年（公元七〇五年）被武则天派到曹溪请惠能赴长安的（《历代法宝记》说是景龙元年即公元七〇七年，但这一年武则天已去世），但惠能再三推辞不去。

⑱这里所说主张“坐禅”的“京城禅师大德”也许指的就是北宗神秀、普寂等人，当时北宗在京城颇为兴盛。

⑲惠能一系禅法改变了过去以“坐禅”的外在形式

为主的禅法，在达磨到弘忍一直到神秀的心目中，“凝心入定，住心看净”的坐禅形式乃是悟道的途径，但是惠能却认为悟道的途径在于“无念”，外在的形式是多余的。

敦煌本《坛经》十八、十九则即对“坐禅”有新解释：“看心看净，却是障道因缘”，因为自心本来清净，“起心看净，却生净妄”，“净无形相，却立净相……却被净缚”，所以说“此法门中一切无碍，外于一切境界上念不起为坐，见本性不乱为禅”。

⑳这里所说的“经”大概是《金刚经》，惠能一系极重视《金刚经》，这一点与达磨以来重视《楞伽经》不同。《金刚经》中有“不可以身相得见如来”“若以色见我，以音声求我，是人行邪道，不能见如来”等语。

㉑**圣人**：指皇帝，即武则天。

㉒以灯比喻佛法的传播，出自《维摩诘经·菩萨品》：“无尽灯者，譬如一灯燃百千灯，冥者皆明，明终不尽……夫一菩萨开导百千众生，发阿耨多罗三藐三菩提心，于其道意，亦不灭尽，随所说法而自增益一切善法，是名无尽灯也。”后来禅宗也用“传灯”比喻宗脉的延续。

㉓这几句的意思是暗示薛简不要用“明暗”的“灯”来比喻佛性开悟，因为灯毕竟有明有暗，有灯即有名相，有明暗即有生灭，而佛性“真如”是无名无相无生

无灭的永恒，所以不可能用“比”来说它。这里所说的“经”即《净名经》。

㉔菩提，梵文Bodhi，即对佛法的觉悟，一般译作“智”或“觉”；烦恼，即佛教所说的“无明”之类。前者是大觉悟之人所具有的境界，后者是不觉悟之人所具有的愚昧，但在禅宗南宗看来却都是人心本有的。正如《大乘起信论》所说的“一心具二种门，一真如门，一生灭门”。若硬分为二，学禅求道者即有背有求，多了一分心思，便不得打成一片，又被系缚，若融而为一，学禅求道者即无取无舍，可以翻身向内求自心。所以惠能说这种分别是“二乘人见解”。二乘人指未臻大乘最高境界的声闻缘觉之人。

㉕这一段引《涅槃经》解释大乘人对“道”，也就是佛教最高智慧境界的见解，主要是说“道”的永恒性、广袤性及虚空无相、不生不灭等特征，其实也就是《坛经·般若品》里“心量广大，犹如虚空……”那一段话的翻版，禅宗特别注意避免将“本心”“道”之类具有绝对意义的概念具体化，因为他们觉得一旦把这些概念具体化，即使它们失去了绝对、永恒的意义。

㉖外道，这里指大乘佛教以外的其他门派。外道的“不生不灭”在于追求肉身的永恒，但佛教大乘认为，肉身只是因缘和合的幻相，追求肉身永恒只是空花水月。

㉗惠能在这里一针见血指出外道的“不生不灭”实际上是追求“不灭”，而禅宗主张的“不生不灭”是“无生”。前者“不灭”是执着于空幻的名相，后者“不灭”是看破空幻名相转而体悟本心的清净无垢，所以大不相同。

㉘这就是《坛经 · 坐禅品》所说的“外于一切善恶境界心念不起名为坐，内见自性不动名为禅”。《景德传灯录》卷五也引惠能的话说，要“不生憎爱，亦无取舍，不念利益成坏等事，安闲恬静，虚融澹泊”。

㉙这段话表示薛简悟到了“道”的本质即是“自心”，即是“自然”，即是“清净”，即是“永恒”。

㉚一相三昧、一行三昧：三昧即梵文 Samādhi，意译为定、等持。“一相三昧”是指在现象世界中不为现象（佛教认为现象都是空幻假相）所束缚，专一持定，返观自心；一行三昧是指在普遍纷纭的现象世界中，持定“直心”，按这种“直心”自然行事，不为外境所左右。

惠能对于“一相三昧”和“一行三昧”的解释与传统的说法不同。关键在于所谓“直心”一词，这“直心”不是传统的“真如心”或“清净心”（见《维摩诘经 · 菩萨品》），而指的是心口一致的坦率之心。《坛经·定慧品》在“直心是道场，直心是净土”下专门加了两句：“莫心行谄曲，口但说直，口说一行三昧，不行直心”，这样就加重了自然无碍“无虚假”的意味，减少了绝对清净不染纤尘“无错谬”的意味，这就为后世“平常心是道”奠定了基础。

译文

第三十三祖惠能和尚，就是中国禅宗的第六代祖师，他本姓卢，是新州人。

仪凤元年（公元六七六年）正月八日，惠能到南海县制旨寺拜访印宗和尚，印宗出寺迎接他，并安排他到寺内住下，印宗是专于讲解经论义理的僧人。

有一天正在讲经，风雨大作，看到幡在风雨中飘动，印宗便问：“这是风动，还是幡动？”

有一个僧人说：“是风动。”

又有一个僧人说：“是幡动。”

各自争执不下，就去请印宗决断，可是印宗也难以说清，于是去问惠能。

惠能说：“既不是风动也不是幡动。”

印宗问：“那究竟是什么动？”

惠能说：“是你们自心在动。”于是，印宗大为佩服，就请惠能上座礼拜。

正月十五日，给惠能落了发，二月八日，请智光律师在法性寺给惠能授了具足戒，戒坛是南朝宋代高僧求那跋摩三藏设置的，他在设坛时曾预言：“以后将有肉身菩萨在这里受戒。”坛旁又有南朝梁代高僧真谛三藏种的菩提树，他在种树时也曾预言：“一百二十年后将有肉身菩萨在树下讲说佛法。”果然惠能就在这棵树下为大众开说了最上乘佛法。

第二年的二月三日，惠能辞别，到曹溪宝林寺，开始在那里演说佛法普济众生，他以真正精妙的禅法教诲大众。虽然不传作为凭信的袈裟，但他却把心灵智慧完全传给了弟子们，后来学到了他的精义奥旨的人真是不计其数，广布四方。

当时中使薛简曾经请教惠能大师说：“京城里有高僧禅师教人，他们说要靠坐禅才能悟道，是不是呢？”

惠能说：“道要由心灵来感悟，岂是靠坐禅能得到的，所以经典上说：如果有人说如来，是如来如去如坐如卧，那么这人是行邪道，并不理解我所说的意思。所谓如来，是无所来无所去，所以叫‘如来’。一切法皆空幻假相，即使是如来，说到究竟处也是无所得无所证，何况坐禅，又怎能真正把握‘道’呢？”

薛简说：“我回到朝廷后，皇上一定会问话，希望大师为我指示修心的要诀，让我禀报皇上并告知京城学道的人，就仿佛一灯照亮千百盏灯一样，让暗处得到光明，光明相续永远不尽。”

惠能说：“‘道’本身并没有明暗之分，有明有暗是流转变化的现象界之事，即使说光明相续不尽，也还有尽的时候，因为‘明’与‘暗’的名称，原本就是互相对待而产生。如果只有‘明’而没有‘暗’，那么称它为‘明’也就没有意义了。所以经典上说：‘真正的佛法是不能言说比拟的，因为它不是互相对待而产生。’”

薛简说：“用光明是比喻智慧，用黑暗是比喻烦恼，学习佛法的人如果不用智慧来洞察生死烦恼的本源，又怎能解脱？”

惠能答道：“所谓‘烦恼’其实就是‘智慧’，二者之间没有差别。以智慧力洞察驱除烦恼，是声闻缘觉的普通看法，真正有智慧根器的人是不会这样看的。”

薛简便问：“那么怎样才是大乘佛教徒应有的看法呢？”

惠能就告诉他：“《涅槃经》中说：智慧觉悟和愚昧烦恼，世俗人看来是不同的，但聪明的人洞察秋毫，就看出其本来完全一致。那种没有差别的本性，就是终极的真实本性。所以人应当处在世俗凡尘之中不减其乐，处在超越圣界不增其思，在烦恼之中不乱本性，在禅定之中不陷入枯寂，人的心灵始终处在不断不常、不来不去、不在中间及其内外，以及不生不灭的中道正观之中，常住于性相一如的真常境内，永远保持不变不乱状态，这就是‘道’的境界了。”

薛简还有些疑惑，便又询问：“大师，你所说的‘不生不灭’和外道所说的‘不生不灭’有什么不同？”

惠能解释说：“外道所说的‘不生不灭’，是以‘生’来止‘灭’，‘生’与‘灭’是相互对待的，因此‘灭’是无法‘不灭’的。我所说的‘不生不灭’，则指本来就没有什么‘生’，没有‘生’也就无所谓‘灭’，所以和外道全然不同。中使！你要是想得到修心的诀窍，你应当不去思索什么善恶是非，一念不生，自然就能使心灵进入空寂宁静的超越境界，就能获得无数妙用。”

这时，听了惠能一番话，薛简就像醍醐灌顶一样恍然大悟，连忙向惠能拜了几拜，说：“弟子到今天才明白，佛性本来就在人人心中，以前却总以为佛性离人很远；弟子到今天才明白真理并不遥远，只要人做起来就是；弟子到今天才明白，达到涅槃境界并不困难，生活里处处是智慧与觉悟的机会；弟子到今天才明白佛性是不念善恶是非，是无思无虑、无住、无为，是不假造作的；弟子到今天才明白，佛性是永恒的，它不会被外在一切侵扰，永远不变不迁。”

惠能屡屡告诫学佛者说：“你们大家要切记，自心就是佛，千万不要动摇这一信念，没有任何东西能代替它，一切一切都是从心中生出来的，所以经典上说：‘心灵萌动，则种种现象出现，心灵寂灭，则种种现象消失。’你们大家一定要做到‘一相三昧’与‘一行三昧’。所谓‘一相三昧’，是指人生活在现象世界中却不被各种现象所束缚，在各种现象中无憎无爱，不取不舍，不去考虑好处坏处利益损失，自然能安恬快乐，这就叫‘一相三昧’。所谓‘一行三昧’，是说人在任何情况下，无论行住坐卧，都以坦荡自然之心泰然处之，这样任何地方都可以当修道场所，任何环境都等于是净土，这就叫‘一行三昧’。”

4 荷泽和尚

原典

荷泽和尚[①]嗣六祖，在西京荷泽寺[②]，师讳神会，姓高，襄阳人也。师初到六祖处，六祖问："是你远来，大艰辛，还将本[③]来不？若有本，即合识主[④]是你，试说看。"

师对曰："神会以无住为本[⑤]，见即是主。"

祖曰："者沙弥争取次语。"便以杖乱打。师杖下思维：大善知识历劫难逢，今既得遇，岂惜身命？六祖察其语深情至，故试之也，因此自传心印。演化东都，定其宗旨，南能北秀。自神会现扬，曹溪一枝始芳宇宙。[⑥]

天宝中，御史卢液[⑦]是北宗普寂门徒，奏会聚徒洛阳。玄宗征赴驾幸诏应，得对天颜，言理允符，圣情郑重[8]，有司量移均州[9]。

至德二年，肃宗敕徙荆州，住开元寺[10]。师乡信到，报父母俱丧[11]，师乃入僧堂，白捶[12]曰：“父母俱丧，请大众念《摩诃般若》[13]。”大众才坐，师曰：“劳烦大众，珍重。”师上元元年五月十三日终，敕谥真宗大师般若之塔。

注释

①**荷泽和尚：**即荷泽神会禅师，据《宋高僧传》卷八，生于唐高宗总章元年（公元六六八年），卒于唐肃宗上元元年（公元七六〇年），另据圭峰宗密《圆觉大疏钞》卷三下及《景德传灯录》卷五，则生于武则天垂拱二年（公元六八六年）。

他是六祖惠能的弟子，在南宗禅史上有极其重要的地位。但由于后世禅宗多出于青原行思、南岳怀让门下，长期以来他的历史作用并不为人注意，直到二十世纪敦煌禅宗文献被发现，经胡适等人的研究与考证，才证明南宗禅在唐代声势压过北宗取得极高地位，与荷泽神会在盛唐时代的抗争弘扬有极大关系，于是“荷泽宗”在禅宗史上的意义便为世人所重视。

经胡适等人的发掘考证，在敦煌出土的禅籍中整理出了神会的著作，有《南阳和尚顿教解脱禅门直了性坛语》《菩提达磨南宗定是非论》《南阳和尚问答杂征义》《顿悟无生般若颂》等，他的主要思想，一是“立无念为宗”，一是“单刀直入，直了见性”。

②西京即长安，这里说“西京荷泽寺”，《景德传灯录》《五灯会元》同。但《历代法宝记》《圆觉大疏钞》《宋高僧传》则说是“东京荷泽寺”或“洛京荷泽寺”，则荷泽寺在“东京”洛阳。后一说是。

③**本：**指安身立命的根本，惠能暗示神会，如果你把握了这个根本的安身立命处，你就有了自我。

④**识主：**指认识一切的主宰，即自心本性，《圆觉经大疏钞》卷三即作“见即是性”。

⑤**无住为本：**指本心不执着任何外在现象。敦煌本《坛经》第十四则：“道须流通，何以却滞？心不住法即通流，住即被缚。”又第十七则：“无住者，为人本性，念念不住……一念若住，念念即住，名系缚，于一切上念念不住，即无缚也。”都是这个意思。

神会说的“无住为本”和惠能这一说法完全相同，而他特别强调的“无念为宗”也和这一说法完全相通，因为他说“不作意即是无念……但莫作意，心自无物，即无物心”，那么，不作意也就不会使本心被系缚而停滞在任何外物上，这也是“无念”也是“无住”。

⑥以上这一段话指神会以“无念”“顿悟”为南宗宗

旨，与北宗神秀门下主张“渐修”一派对抗，并获得了压倒优势。据胡适、宇井伯寿等人的考证，神会到了洛阳之后，大力宣扬惠能一系的禅观，并力主惠能是禅宗六祖，受弘忍真传及衣钵。当时正是北宗极盛的时代，开元二十二年（公元七三四年）神会在滑台（今河南滑县东）与北宗禅师进行辩论并取得胜利，安史之乱中又通过供应军需取得政治上的支持，于是南宗逐渐取得了正宗地位，这就是此处所说的“自神会现扬，曹溪一枝始芳宇宙”的经过。

⑦**卢液：**《宋高僧传》卷八作“卢弈”。普寂（公元六五一——七三九年），北宗神秀的弟子，唐玄宗时居长安，为北宗领袖，号称“七祖”，许多达官贵人均以他为师，卢弈即其中之一，但卢弈攻击神会时已是天宝十二年（公元七五三年），普寂已去世多年。

⑧唐玄宗诏对一事，恐出禅宗门徒的杜撰，因为如果“圣情郑重”，就不至于像下面说的被“量移均州”了。

⑨**均州：**即今湖北均县，据考证，神会被卢弈等攻击，逐出京城后，先被贬放到弋阳（今江西弋阳），才到了均州，不久，又移放襄州（今湖北襄阳），最后到了荆州开元寺（今湖北江陵）。

⑩这次并不是被皇帝敕徙荆州开元寺，而是召入洛阳荷泽寺。当时（公元七五七年），神会已经获得了政治

上的支持，据《宋高僧传》卷八等记载，他以主持戒坛度僧所收来的“香水钱”支援军队费用立下汗马功劳，因而得到了郭子仪、韦利见等将领的支持，并受到了唐肃宗的推重，让他在收复后的洛阳荷泽寺内居住。

⑪这件事似乎不太可信，当时神会已九十岁了（即使依照《景德传灯录》的说法也已七十余岁了），父母才去世，好像不大可能，因而《宋高僧传》不载此事。

⑫**白捶**：疑为“自槌”，即击槌，《景德传灯录》作“打槌”。

⑬**《摩诃般若》**：即鸠摩罗什所译的《摩诃般若波罗蜜经》，四十卷。

译文

荷泽和尚是六祖惠能的弟子，在长安荷泽寺，法名叫神会，本姓高，是襄阳人。神会刚到六祖门下时，六祖问他：“你大老远地来这里，实在辛苦了，不知你是否带了本性？如果你带了本性，你就是你自己神识的主人，请你说来听听。”

神会说：“我以‘无住’为本性，这就是我自己。”

六祖喝斥说：“这小和尚怎么说这等话！”就用拄杖棒打神会。神会暗自想道：这种高明的老师千载难逢，今天既然遇见了，我怎能为了性命而失去请教的机会？六祖其实早察觉到他的真诚之心，只不过试试他，于是神会得到了六祖的真传。后来他在东都洛阳阐扬六祖的禅法，使六祖禅法的真谛广为人知，“南宗惠能”“北宗神秀”的说法，可以说是从神会之后才确立的。自从神会弘扬禅法，六祖惠能这一派的思想才真正在中国传播开来。

天宝年间，有一个叫卢液的御史，是北宗普寂的门徒，他向皇上诬告神会，说神会在洛阳聚众图谋不轨。唐玄宗就召神会来回答问题，神会这次见到皇上，说话合情合理、有条不紊，皇上非常看重他，不久，朝廷命令神会迁到均州居住。

至德二年（公元七五七年），唐肃宗又命神会移居荆州开元寺。这时，神会家乡来信，说他父母亲都去世了，神会便走进僧堂，敲鼓聚众，对大众说：“我父母都去世了，请大家念《摩诃般若经》。”大众刚坐下，神会又说：“麻烦大家了，珍重珍重。”神会在上元元年（公元七六〇年）五月十三日圆寂，朝廷赐封他的骨灰塔叫“真宗大师般若之塔”。

5　靖居和尚

原典

靖居和尚[①]嗣六祖，在吉州[②]，师讳行思，俗姓刘，庐陵[③]人也。自传曹溪密旨，便复庐陵化度群生。

僧问：“如何是佛法大意？”

师曰：“庐陵米作么价？”[④]

师问神会：“汝从何方而来？”

对曰：“从曹溪来。”

师曰：“将得何物来？”会遂震身[⑤]而示。

师曰：“犹持瓦砾[⑥]在。”

会曰：“和尚此间莫有金真[⑦]与人不？”

师曰：“设使有，与汝，向什么处着？”[⑧]

师以开元二十八年十二月十三日迁化。

注释

①**靖居和尚：**即靖居行思禅师，生年不详，卒于唐玄宗开元二十八年（公元七四〇年），六祖惠能的弟子。他是后来最为兴盛的“青原”一系的创始人，禅宗五家中，按传统说法，曹洞、云门、法眼三宗均出自他门下，但在他本人的时代，他的名声却不大，以致于他的生平事迹与思想的记载都很少。他这一系的发扬光大，主要还是由于他的弟子石头希迁禅师。在其他各种禅宗史籍中，他被称作“青原行思”，因为他住青原山，此处称他为“靖居和尚”，是因为他在青原山住靖居寺（一作“静居寺”）。

②**吉州：**即今江西吉安，青原山靖居寺在吉州。

③**庐陵：**是吉州治所，即今江西吉安。

④**庐陵米作么价：**这是一则著名的禅宗公案。在禅门中，很多初学者都会询问“佛法大意”“祖师西来意”等根本性问题，按禅师的话说，这是“入门心切”，但禅师从来不正面回答这些询问。如对于“如何是佛法大意”这一问，禅师常答“蒲花柳絮，竹针麻线”“寒苦相催”“幽涧泉清，高峰月白”“良马不窥鞭，侧耳知人意”“衣成人，水成田”等等（以上均见《五灯会元》卷三、卷八、卷十一、卷十二），其原因一是防止学禅者落入有问有答

的逻辑理路之中不能返求自心的悟性；二是破除学禅者对外在力量（如偶像、教义）的执迷，使他们领悟解脱的根本在于自心；三是以身边琐事、眼中常景来打碎学禅者对佛法禅境的神秘感，使他们明白“触类是道”。

其中较早也较著名的一则即这句“庐陵米价”，元万松行秀《从容庵录》卷一评论说：“据这僧问佛法大意，也是本色乍入丛林底人，要随文殊游铁围山。青原是圣谛亦不为底人，却只作寻常相见顾问道‘庐陵米作么价’。”所谓“圣谛亦不为”即破除了偶像与教义的迷执，追求“平常心”的意思。

⑤**震身**：表示身上不曾携带任何物来。

⑥**瓦砾**：是指世俗见解。

⑦**金真**：又作“真金”，指禅的真谛。

⑧这句暗示禅的真谛是清净无相的本心，不可能放在任何具体处所，所以神会用“震身”来表示自己不曾带任何物来，也并不能显示自己得到了禅宗“无念无相无住”的真谛，因为“震身”仿佛把禅当作了某种东西可以放在某处。

译文

靖居和尚是六祖惠能的弟子，在吉州青原山靖居寺，法名叫行思，本姓刘，是江西庐陵人。他自从学得六祖禅法精义，便回到庐陵去教化大众。

有一个僧人问道：“佛法大意是什么？”

行思不答反问：“庐陵米价是多少？”

一次行思问神会：“你从哪里来？”

神会说：“从曹溪来。”

行思又问：“带了什么东西来？”

神会抖了抖身上表示没有带任何东西。

行思却说：“你身上还是带了破砖烂瓦。”

神会不服气地问道：“难道你这里有什么宝贝给人么？”

行思说：“假如有的话，送给你，你想把它放在什么地方呢？”

行思在开元二十八年（公元七四〇年）十二月十三日逝世。

6 怀让和尚

原典

怀让和尚[①]嗣六祖，在南岳[②]，姓杜氏，金州[③]人也。

师乃往曹溪而依六祖，六祖问："子近离何方？"

对曰："离嵩山[④]，特来礼拜和尚。"

祖曰："什么物与么来？"

对曰："说似一物即不中。"[⑤]

在于左右一十二载，至景云二年，礼辞祖师，祖师曰："说似一物即不中，还假修证[⑥]不？"

对曰："修证即不无，不敢污染。"

祖曰："即这个不污染底，是诸佛之所护念，汝亦如是，吾亦如是。西天二十七祖般若多罗[⑦]记汝佛法[⑧]，从汝边去向后马驹踏杀天下人。汝勿速说此法，病在汝身也[9]。"

马和尚在一处坐，让和尚将砖去面前石上磨[10]，马师问："作什么？"

师曰："磨砖作镜。"

马师曰："磨砖岂得成镜？"

师曰："磨砖尚不成镜，坐禅岂得成佛也？"

马师曰："如何即是？"

师曰："如人驾车，车若不行，打车即是？打牛即是？"师又曰："汝为学坐禅，为学坐佛？若学坐禅，禅非坐卧，若学坐佛，佛非定相，于法无住[11]，不可取舍[12]，何为之乎？汝若坐佛，却是杀佛；若执坐相，非解脱理也。"[13]

马师闻师所说，从座而起礼拜，问曰："如何用心，即合禅心无相三昧[14]？"

师曰："汝学心地法门，犹如下种，我说法要，譬彼天泽，汝缘合故，当见于道。"

又问："和尚见道，当见何道？道非色故，云何能观？"

师曰："心地法眼，能见于道，无相三昧，亦复然乎？"

马师曰："可有成坏不？"

师曰："若契于道，无始无终，不成不坏，不聚不散，不长不短，不静不乱，不急不缓，若如是解，当名为道。汝受吾教，听吾偈曰：心地含诸种，遇泽悉皆萌。三昧花无相，何坏复何成？⑮”

注释

①**怀让和尚：**即南岳怀让禅师，生于唐高宗仪凤二年（公元六七七年），卒于唐玄宗天宝三载（公元七四四年），六祖惠能弟子。唐先天二年（公元七一三年）住南岳般若寺观音台，开南宗禅南岳一系。这一系禅风峻急简洁，提倡即心即佛的顿悟法门，最能代表中国禅随缘适意的特色。弟子有马祖道一等，后来临济、沩仰二宗即出自南岳一系。

②**南岳：**即南岳衡山，在今湖南衡阳南。

③**金州：**即今陕西安康。

④据《景德传灯录》卷五、《宋高僧传》卷九、《五灯会元》卷三，怀让十五岁时在荆州玉泉寺依弘景律师（公元六三四—七一二年）出家，后因坦然禅师之劝到嵩山（今河南）参拜五祖弘忍的弟子老安和尚（公元五八二—七〇九年），老安又启发他参拜六祖惠能。于是他南下到曹溪（今广东曲江双峰山下），这里“离嵩山”就是说他刚离开嵩山老安和尚处来到曹溪。

⑤**说似一物即不中**：是指清净空明的心灵境界不可以用言语文字形相来描述或比拟，《坛经·般若品》说“般若心”是“无有边畔，亦无方圆大小，亦非青黄赤白，亦无上下长短，亦无嗔无喜，无是无非，无善无恶，无有头尾，诸佛刹土，尽同虚空”。在《定慧品》中又说自己的法门是“无念为宗、无相为体、无住为本”，因此，这种无念、无相、无住的心灵境界自然是不可以比拟说明的，只能靠自心体验。

⑥**修证**：指对绝对清净境界的修持和取证，修证要下功夫，取证需有凭依，这与禅宗南宗的自心顿悟思想不合，所以下面怀让并不正面肯定修证，只是强调“不敢污染”。

⑦**西天二十七祖般若多罗**：禅宗传说中的第二十七代祖师，他原是东印度婆罗门子，人称“缨络童子”，后受二十六祖不如密多之传为禅宗祖师，将禅法传入中国的菩提达磨即是他的弟子。

⑧**记汝佛法**：在《景德传灯录》卷五及《五灯会元》卷三中都说是暗示他门下“出一马驹踏杀天下人”的谶中“马驹”暗指马祖道一禅师，但各书所记般若多罗的话中只有“心地生诸种，因事复生理。果满菩提圆，华开世界起”这么一首偈语，并不像在暗示马祖道一的样子，这段话很可能是马祖一系的后人羼进去的。“踏杀天

下人”指马祖禅将征服天下人的心灵。

⑨病在汝身，《传灯录》等作“病在汝心”，指心灵污染不污染的缘因即在心灵本身。

⑩马和尚即马祖道一，《古尊宿语录》卷一说，马祖道一在南岳传法院，“独住一庵，唯习坐禅”，对任何人都不理睬，怀让看到他长相奇异，想起六祖的话来，便用磨砖作镜的方法去开导他。

⑪**于法无住**：即心灵不滞留与执着于外在现象。

⑫**不可取舍**：即心灵中没有肯定与否定的绝对理念化的分别。

⑬拘泥于坐禅等外在形式，并不能使心灵达到清净空明、自由无碍的境界，执着于成佛等外在形相，则等于扼杀了佛所启示的终极目标，禅宗认为根本在于“心”本身。《古尊宿语录》卷一记怀让的话说：“一切万法，皆从心生。心无所生，法无能住。若达心地，所作无碍。”就是说关键在于“心”，用佛教常用的“镜”做比喻，首先人心如镜，对境生种种色，如不对境，色终不生，但其次如能自了其心如镜，则可知镜本无色，无论对与不对外境，其实镜都无色，这样又无须顾忌，这就是“若达心地，所作无碍”了，怀让这里对马祖说的就是这个意思。

⑭**无相三昧**：《坛经》中惠能曾说禅宗以“无相为

体”，所谓“无相”，指虽然有形相但并不执着于形相，《金刚经》“离一切诸相，则名诸佛”，《涅槃经》卷三十“涅槃名无相”，前一句中的“离”既指远离，也指不执泥、不固守，后一句中的“涅槃”，既指无相的境界，也指无相的结果。

禅宗认为，心中如果不执着于外在诸相，能自然恬静，即是禅境，所以惠能说“外离一切相，名为无相，能离于相，即法体清净”。“三昧”即梵文Samādhi的音译，意为“定”，“无相三昧”指远离外在形相的禅定法门。

⑮这首偈语总括前面所说的那段话，前两句指心灵中含有各种种子，一旦遇到机缘，就像遇到了甘霖一样能萌生出禅的花叶来。后两句指“无相三昧”的法门，能达一切法空之体证。据说马祖道一听到这里就一下子悟入禅境，于是拜在怀让门下，侍奉了十年。

译文

怀让和尚是六祖惠能的弟子，在南岳衡山般若寺观音台，本姓杜，是金州人。

怀让到曹溪去参拜六祖，六祖问：“你最近离开的是什么地方？”

怀让说：“离开的是嵩山，特地从那里来参拜大师。”

六祖说：“你带了什么东西来？”

怀让说：“不可说，只要说出来就不是它。”

怀让在六祖身边共十二年，到景云二年（公元七一一年），他向六祖告辞，六祖又一次问他：“只要说出来就不是的那个物事，要不要靠修持和取证？”

怀让说：“一旦需要修证，它就不是空无，所以我不敢污染它。”

六祖点头说：“这个不污染的东西，正是佛陀所珍视爱护的，你也应如此，我也应如此。西天二十七祖般若多罗已经将此心法传给你，此后，你传布佛法如同一匹良驹出世，将踏平天下人心。你不需要现在急着传布这个心法，先好好地守住真心吧！一切的问题都是由你自己而起的。”

马祖道一在一处坐禅，怀让禅师就拿了一块砖到他面前吱吱地磨，马祖诧异地问：“你这是做什么？”

怀让说：“磨砖做镜子呀。”

马祖说：“磨砖怎么能成镜子？”

怀让说：“如果磨砖不能成镜，那么坐禅怎么能坐成佛呢？”

马祖便问：“那么，应当怎样才是？”

怀让不答反问：“比如说有人驾牛车，车不走，是打牛呢，还是打车？”他接着说：“你是学坐禅，还是学做佛？如果是学坐禅，禅并不是坐或者卧，如果是学成佛，那么佛也不是死板的形相，他不执着于现象世界的任何形相，根本不能以某种外在行为来模拟他，为什么要这样枯坐呢？你如果这样坐禅学佛，无异于杀死活生生的佛；如果你固执地拘泥于坐禅，决不是超越生死的正路。”

马祖听到怀让这番话，便从坐具上跃身而起，向怀让礼拜，请教道：“怎样用心，才符合禅心的‘无相三昧’？”

怀让告诉他：“你学习禅的心灵超越法门，就好比种田时播下种子，我传授给你禅法旨要，就好比天上普降甘霖，你有缘分与我相投，那么一定能见到真正的大道。”

马祖问：“大师刚才讲‘见道’，是见什么道？道没有形相，又怎么能见？”

怀让说：“我们心中具足‘法眼’，由此‘法眼’能见实相之道，无相三昧的境界中也同样如此。”

马祖又问：“那么达到这种境界后，它还会流转于生死成坏之中吗？”

怀让说：“如果人的心灵与‘道’互相契合，那么它就是永恒的，没有始也没有终，没有成也没有坏，没有聚也没有散，没有长也没有短，没有静也没有乱，没有急也没有缓，如果是这样，那么它就是‘道’了。你既然听我的教诲，那么就请听我一首偈语：‘心灵中蕴藏了各种各样的种子，逢到天降甘霖就都会发芽。你若真正找到了无形无相的三昧之花，它又哪里会有什么生成和败坏？’”

7　石头和尚

原典

石头和尚[①]嗣吉州思和尚[②]，在南岳[③]，师讳希迁，姓陈，端州高要[④]人也。

六祖迁化后，便去清凉山靖居行思和尚处礼拜侍立[⑤]，和尚便问："从什么处来？"

对曰："从曹溪来。"

和尚拈起和痒子[⑥]曰："彼中还有这个也无？"

对曰："非但彼中，西天亦无。"

和尚曰："你应到西天也无？"

对曰："若到即有也。"[⑦]

和尚曰："未在更道。"[⑧]

对曰："和尚也须道取一半，为什么独考专甲？"

和尚曰：“不辞向你道，恐已后无人承当[9]。”

思和尚问：“你已是受戒了也，还听律也无？”[10]

对曰：“不用听律。”

思曰：“还念戒也无？”

对曰：“亦不用念戒。”[11]

师初至南台，师僧去看，转来向让和尚[12]说：“昨来到和尚处问佛法轻忽[13]底后生来东石头上坐。”

让曰：“实也无？”

对曰：“实也。”

让便唤侍者曰：“你去东边仔细看石头上坐底僧，若是昨来底后生，便唤他，若有应，你便道：‘石上憷愕[14]子，堪移此处栽。’”侍者持此偈举似师，师答曰：“任你哭声哀，终不过山来。”

侍者却来举似让和尚，和尚云：“这阿师，他后子孙噤却天下人口去。”

又教侍者问法，侍者去彼，问：“如何是解脱？”

师曰：“阿谁缚汝？”

“如何是净土？”

师曰：“阿谁诟汝？”

“如何是涅槃？”

师曰：“谁将生死与汝？”[15]

侍者却来举似和尚，和尚便合掌顶戴。

注释

①**石头和尚：**即石头希迁禅师，生于武周久视元年（公元七〇〇年），卒于唐德宗贞元六年（公元七九〇年）。他是青原行思（本书作“靖居和尚”）的弟子，与马祖道一禅师同为南宗禅惠能之后第三代最重要的代表人物，马祖道一在江西创“洪州宗”，他在湖南开另一宗派，在唐代禅宗史上有很重要的地位。

但他在当时远没有马祖道一名声显赫，甚至圭峰宗密的《禅门师资承袭图》中也没有论及他，直到唐武宗会昌（公元八四一——八四六年）以后，他的后人创曹洞、云门、法眼三宗，这一系才开始引人注目，到宋代《景德传灯录》，便把青原、石头一系与南岳、马祖一系相提并论。

从禅风上看，石头希迁与马祖道一大体相近，但似乎也略有差别，他的思辩色彩较浓，不像马祖一派那么简捷方便，他受华严思想与中国本土的阴阳思想影响较多，虽然他也称“即心即佛”，但也强调“事理”“有无”“明暗”等理论的辨析，从石头希迁的语录和他所著的《参同契》等可以看到这一点，而这一点又影响了他门下的曹洞宗。他的弟子有天皇道悟、药山惟俨、丹霞天然、大颠宝通等，他死后，唐僖宗追赐“无际大师”谥号。

②**吉州思和尚：**即靖居行思禅师（又称青原行思），详见本书《靖居和尚》节。

③石头希迁于唐玄宗天宝初年（约公元七四二年）到湖南衡山南寺，结庵于寺东大石头台上，所以这里说“在南岳”，而他被称“石头”也缘于此。

④**端州高要：**即今广东高要。

⑤据《祖堂集》记载，石头希迁先曾参拜六祖惠能，在惠能临终前曾询问：“百年后某甲依什么人？”惠能说：“寻思去。”于是六祖去世后他便到行思禅师处参拜。清凉山疑当作“青原山”，行思禅师在江西青原山建静居寺，似未曾住过清凉山。

⑥**和痒子：**又叫“痒和子”，即如意。但《景德传灯录》《五灯会元》均作“拂子”，即禅僧用来掸灰驱蚊的拂尘，又名“白拂”，禅师常以拂子为开启众人悟性的道具，如六祖惠能见僧，竖起拂子，云：“还见么？”对云：“见。”祖师拖向背后，云：“还见么？”对云：“见。”师云：“身前见身后见？”对云：“见时不说前后。”师云：“如是如是，此是妙空三昧。”（《祖堂集》卷二）

⑦这里暗含了一个机锋，“这个”不是“那个”，和痒子虽处处皆有，但这个只是这个而不是别个。正如人“自心”个个皆有，但“我心”只是我心，别处虽有“心”，却并非“我”之“心”。所以石头希迁说不但曹溪那里没有，

连西天佛祖处也没有，若是“我”到了西天，西天就应该有“我”。和痒子只是一个象征物。

⑧**未在更道：**是对答案不满意，让答者重新回答。

⑨**承当：**指回答自己的领悟与体会。

⑩石头希迁于开元十六年（公元七二八年）在罗浮山受具足戒。《祖堂集》说他曾“略探律部”。

⑪禅宗南宗认为，自心是佛，佛性本具人自心之中，只要顿悟自心清净即可成佛，外在的戒、律都只是束缚。《楞伽经》卷三说：“若有缚者，应有缚是缚因故”，又说，人之所以不得涅槃境界是因为他的妄想“如蚕作茧，以妄想丝自缠缠他”。因此正如《佛说圣法印经》所说，只要“无心无欲心则休息，自然清净而得解脱”，这从迷到悟的大转变，关键在于“自心”的悟与不悟，而不在于用外在的戒律来抑制心灵。

石头希迁早年受戒读律，但很快就悟到了“自性清净谓之戒体，诸佛无作何有生也”的道理，于是“不拘小节，不立文字”（《祖堂集》），他自称自己的法门就是“不论禅定、精进，唯达佛之知见，即心即佛；心佛众生，菩提烦恼，名异体一”（《景德传灯录》卷十四），所以这里说“不用听律”“不用念戒”。

⑫**让和尚：**即南岳怀让禅师，详见本书《怀让和尚》节，石头希迁于天宝初年（约公元七四二年）到南岳衡

山时曾见怀让，《宋高僧传》卷九记载当时南岳山中除怀让外还有固、瓒二禅师，都是惠能门下，也对石头十分器重。他们的门人也都十分孺慕石头希迁。

⑬**问佛法轻忽：**指石头第一次受行思之命到南岳时与怀让的一段对话，《景德传灯录》等均不载，唯见于《祖堂集》。原文如下："问：'不慕诸圣，不重己灵时如何？'让和尚曰：'子问太高生，向后人成阐提去。'师对曰：'宁可永劫沉沦，终不求诸圣出离。'"

⑭**憉悙：**即膨脝，气胀腹大的样子。

⑮这三问三答极为著名，《宋高僧传》卷九称其"答对简速"，的确十分简明地显示了石头希迁的禅观。在禅宗看来，自心本来清净，所谓"解脱"即是自心了悟，所谓"不解脱"也即是自心不悟，此外并无什么外在的绳索束缚。

《六祖坛经》云："一念若住，念念即住，名系缚，于一切上念念不住，即无缚也。"意思就是说所谓"缚"是自心执着于幻空之相，如自心不曾迷执，就没有什么能束缚住人的，依惠能的说法即"自性迷即众生，自性觉即是佛"(《坛经·疑问品》)。所以，《大珠慧海禅师语录》卷下也说："本自无缚，不用求解。"既然无缚，自然也不须问"如何是解脱"了。

同样，"随其心净，即佛土净"(《维摩诘经》卷一)，"但用此心，直了成佛”(《坛经·行由品》)，所以“净土”“涅槃”，也只是自心之事，不曾有什么外在的“垢”(污染)与“生死”，一切只需返身向内在自心中寻觅出路，正如《坛经·般若品》所说：“一切般若智，皆从自性而生，不从外入”，“若识自性，一悟而至佛地”。

译文

石头和尚是吉州行思禅师的弟子，在南岳衡山，法名希迁，本姓陈，是端州高要人。

六祖惠能圆寂后，希迁到清凉山靖居行思禅师门下参拜学习，行思问：“你从哪里来？”

希迁说：“从曹溪来。”

行思拿起抓痒的如意来问道：“那里有这个吗？”

希迁说：“别说曹溪，连西天也没有。”

行思说：“那么说你好像到过西天了？”

希迁回答说：“要是到过，西天就会有这东西了。”

行思说：“回答不对，再说一次。”

希迁则说：“那么和尚你也该说一半，为什么单单考我？”

行思说：“不能向你说啊！说破了以后怕没有人能承担。”

行思禅师问希迁："你已经受过具足戒了，你还听宣讲戒律吗？"

希迁说："不听。"

行思又问："那么你还念戒条吗？"

希迁说："也不念。"

后来希迁禅师到衡山南寺东边石头台上时，有和尚去看了后回来报告南岳怀让，说："昨天曾到大师这里问佛法很随便的那个年轻人，现在到东边大石头上去坐着了。"

怀让说："真的吗？"

回答说："真的。"

怀让就叫侍者，说："你去东面仔细看看石头上坐的僧人，如果真的是昨天那个年轻人你就喊他，如果他答应，你就说：'石头上的胖小子，可以移到这边来。'"侍者果真去喊希迁，希迁回答道："无论你哭得多悲哀，我都不过那山来。"

侍者回来把这话告诉怀让，怀让说："这个禅师，他将来的徒子徒孙会使天下人闭口。"

于是又叫侍者去请问禅法，侍者到那里便问："怎样才是解脱？"

希迁说："谁绑住你了？"

侍者又问："怎样才能得净土？"

希迁说：“有谁弄污你了？”

侍者再问：“怎样才是涅槃？”

希迁说：“谁让你流转生死了？”

侍者回来把这些话告诉了怀让，怀让就双手合十作礼，表示欣喜。

8　天皇和尚

原典

天皇和尚[①]嗣石头，在荆南[②]，师讳道悟。

师初问石头："离却智慧，何法示人？"

石头曰："老僧无奴婢，离什么？"[③]

进曰："如何得玄旨？"

石头曰："你解撮风[④]不？"

师曰："若与么则不从，今日去也。"

石头曰："未审汝早晚从那边来？"

师曰："专甲不是那边人。"

石头曰："我早个知汝来处。"

师曰："和尚亦不得赃䝼[⑤]于人。"

石头曰："汝身现在。"[⑥]

师曰：“虽然如此，毕竟如何示于后人？”

石头云：“你道阿谁是后人？”⑦师礼谢，深领玄要。

问：“如何是玄妙之说？”

师云：“莫道我解佛法。”

僧云：“争那学人疑滞何？”

师曰：“何不问老僧？”

僧曰：“问则问了也。”

师曰：“去！不是你存泊处。”⑧

师乃一日忽然唤典座，典座来，师示曰：“会么？”

曰：“不会。”师便把枕子当面抛之，乃告寂。⑨

注释

①**天皇和尚：**即天皇道悟禅师，生于唐玄宗天宝七载（公元七四八年），卒于唐宪宗元和二年（公元八〇七年），石头希迁弟子，门下有龙潭崇信等。在《祖堂集》《景德传灯录》中均如此记载。

但宋代以来有人根据唐邱玄素《天王寺道悟碑》等记载，认为在天皇道悟之外还有一个“天王道悟”是马祖道一弟子，龙潭崇信禅师及其后世雪峰义存、云门文偃、清凉文益均为天王道悟的门下，于是云门宗、法眼宗则将归入南岳一系，而不是像传统的说法归入青原一系。这个矛盾引起了一场争论，至今尚无定论（参见《五家宗脉》《林间录》及《广阳杂记》卷五《天皇天王考》）。

②据《宋高僧传》等书记载，天皇道悟离开南岳后曾先后在澧阳（湖南澧县）、澋口，最后住荆州当阳柴紫山（即今湖北当阳），这里记载的“荆南”即指当阳柴紫山，唐代当阳属荆南节度使辖区。至于天皇寺，则在荆州（今湖北江陵）城东，道悟晚年住此，是应释灵鉴所邀。

③智慧，各书均作“定慧”，禅宗南宗倡顿悟，不假坐禅渐修，所以对“定”颇为轻视，所以天皇问石头若离开定、慧二门，还有什么可以开悟众人的方法，而石头则以“奴婢”一语讽刺天皇不懂玄旨，因为若是彻悟禅旨的心灵则处处为主人，无有被役的奴婢，因而处处都可参禅，物物均可用作启迪法门，所以不必“离”什么，也不必“不离”什么。

④**撮风：**用手抓风。风是抓不住的，玄旨也是不可用语言文字述说的，只能靠心灵体会。《五灯会元》等书中,“撮风”作“撮空”，虚空也是把捉不住的，意思与“撮风”一样。

⑤**赃贿：**各书作“赃诬”，意思是给人栽赃，天皇道悟听到石头说“知汝来处”，觉得石头未免太轻看了自己，把自己前世来生都简单地定死了，所以说石头等于

在给自己硬栽贼赃。

⑥石头希迁说“汝身现在”并不仅仅是说天皇肉身形相俱在，可以证明他的来处，而且暗示天皇，若是执着此身而不能摆脱世俗形相，那么就不能超凡脱俗，与虚空澄澈的宇宙天地融为一体，所以能被人窥见“来处”与“去处”。

⑦天皇道悟要“示于后人”，仍陷入耳提面命、外在启示的旧路，禅宗主张自心是佛、自证自悟，因而不假他人之力，也并不需要前人来“示于后人”，后人也无需前人教诲，且在自心自悟上没有先后之分，所以石头反问天皇：“你说哪个是后人？”这个注释与注⑥“汝身现在”，都是在启示学人：自心不离当下。一是强调空间；一是强调时间。不论时空如何交替变换，自心原本具足，不假外求。

⑧疑滞是心中有疑团，但东问西问，尽管他人向你解说，也总是他人的领悟而不是你自己的领悟，所以天皇说这里不是你安身立命处。

⑨典座是禅宗丛林中主管床座、斋粥的僧人。天皇道悟叫“典座”，暗含了机锋，典座听了便来，是把“典座”这外在称呼当成了真正的“我”，违背了禅宗“不立文字”“不落言筌”的思想。

后沩山灵祐也曾以此法试人，《潭州沩山灵祐禅师语录》："师一日唤院主，院主便来，师云：'我唤院主，汝来作甚么？'院主无对。又令侍者唤首座，首座便至，师云：'我唤首座，汝来作甚么？'首座亦无对。"

译文

天皇和尚是石头希迁的弟子，在荆南当阳柴紫山，法名道悟。

最初，天皇道悟曾问石头希迁禅师："如果离开智慧法门，那么用什么来开示众人？"

希迁大喝一声："老僧这里没有养奴才，有什么离开不离开的？"

道悟又问："那么怎样才能把握玄妙的佛旨？"

希迁反问道："你知道怎样捉住风尾巴吗？"

道悟说："如果这样说则不合，今天我便告辞了。"

希迁说："不知道你什么时候从那边来的？"

道悟说："我又不是那边的人。"

希迁说："我早知道你的来处。"

道悟说："大师，你不能给人栽赃诬人受贿！"

希迁又说："你人现在在这里便是证据。"

道悟有些明白了，便问："既然如此，那么究竟怎样才能启示后人？"

石头希迁说：“你说谁是后人？”这时天皇道悟豁然开朗，便作礼感谢石头希迁，从此领悟了禅的真谛。

有僧人问道悟：“所谓玄妙的言说是什么？”

道悟说：“你别以为我懂佛法。”

这僧人又问：“那么学佛的人有疑惑困扰又怎么办？”

道悟说：“你干吗不问我？”

这僧人说：“刚才不是在问你吗？”

道悟喝道：“去！这里问来问去不是你安身立命的地方。”

道悟有一天叫典座，典座来后，道悟便说：“你懂吗？”

典座说：“不懂。”道悟就拿枕头劈面扔过去，于是便圆寂了。

9　丹霞和尚

原典

丹霞和尚[1]嗣石头，师讳天然。少亲儒墨，业洞九经。初与庞居士同侣入京求选[2]，因在汉南道寄宿次，忽夜梦白光满室，有鉴者[3]云："此是解空之祥[4]也。"

又逢行脚僧，与吃茶次，僧云："秀才去何处？"

对曰："求选官去。"

僧云："可惜许功夫！何不选佛去？"

秀才曰："佛当何处选？"

僧提起茶碗曰："会么？"

秀才曰："未测高旨。"

僧曰："若然者，江西马祖今现住世说法，悟道者不可胜记，彼是真选佛之处。"二人宿根猛利，遂返秦游而造大家[5]。

礼拜已，马大师曰：“这汉来作什么？”

秀才汰上幞头[6]，马祖便察机，笑而曰：“汝师石头么？”

秀才曰：“若与么则与某甲指示石头。”

马祖曰：“从这里去南岳七百里，迁长老[7]在石头，你去那里出家。”秀才当日便发去，到石头参和尚。

和尚问：“从什么处来？”

对曰：“某处来。”石头曰：“来作什么？”

秀才如前对，石头便点头曰：“着槽厂[8]去。”乃执爨役[9]。

经一二载余，石头大师明晨欲与落发，今夜童行参时，大师曰：“佛殿前一搭草，明晨粥后刬却。”

来晨，诸童行竞持锹镢，唯有师独持刀水，于大师前跪拜揩洗，大师笑而剃发[10]，师有顶峰突然而起，大师按之曰：“天然矣！”

落发既毕，师礼谢度兼谢名，大师曰：“吾赐汝何名？”

师曰：“和尚岂不曰‘天然’耶？”

石头甚奇之，乃为略说法要，师便掩耳云：“太多也。”

和尚云：“汝试作用看。”

师遂骑圣僧头，大师云："这阿师，他后打破泥龛塑像[11]去。"

以元和初上龙门香山[12]，与伏牛禅师[13]为莫逆侣。后于惠林寺遇天寒，焚木佛以御次，主人或讥，师曰："吾荼毗[14]觅舍利[15]。"

主人曰："木头有何也？"

师曰："若然者，何责我乎？"主人亦向前，眉毛一时堕落。

有人问真觉大师："丹霞烧木佛，上座有何过？"

大师云："上座只见佛。"

进曰："丹霞又如何？"

大师曰："丹霞烧木头。"[16]

注释

①**丹霞和尚：**即丹霞天然禅师，生于唐玄宗开元二十六年（公元七三八年），卒于唐穆宗长庆三年（公元八二三年，此据《祖堂集》，另《宋高僧传》《景德传灯录》均作卒于长庆四年），曾先后参礼马祖道一、石头希迁、径山国一禅师，因在石头处落发并悟禅，故为石头希迁弟子。元和十五年（公元八二〇年）住南阳丹霞山（今河南邓县），弟子有翠微无学等。

②**求选：**指应科举考试谋求官职。

③**鉴者：**指以圆梦、占卜、看相、风水为职业的人，古代把这些方术称为风鉴之学。

④**解空之祥：**解空是领悟“空”的意味，佛教最常讨论的一个字即“空”，所以这里把“解空”代指佛教之学。解空之祥指丹霞这个梦预兆着将入佛门之学。

⑤秦指长安，“返秦游”指丹霞与庞居士（庞蕴，唐代著名居士）不去长安参加科考而去江西参拜马祖。家，疑当作“寂”，马祖谥号“大寂禅师”。

⑥**汰上幞头：**《景德传灯录》卷十四、《五灯会元》卷五作“以手托幞头额”，幞头是唐代文士所戴的包头软巾，四根带子二在脑后，二在额前。

⑦**迁长老：**即石头希迁，住南岳衡山南寺旁石头台。

⑧**槽厂：**指喂马、铡草、舂米处。

⑨**执爨役：**指做伙夫。

⑩石头所说的刬草是暗指剃发，其他人不理解，只有丹霞领会，所以石头为他落发剃度。《宋高僧传》卷十一说丹霞是由南岳希律师授具足戒的，授戒在落发之后，可参见。

⑪**打破泥龛塑像：**指丹霞天然将自悟本心，破除外在偶像崇拜。以上命名、骑圣僧头二事，《五灯会元》卷五记载是在马祖处，与此不同。

⑫**龙门香山**：在今河南洛阳。

⑬**伏牛禅师**：即伏牛山自在禅师（公元七四一——八二一年），马祖道一弟子。

⑭**荼毗**：梵文 Jhāpeta 的音译，即焚烧。

⑮**舍利**：梵文 Śarīra 的音译，指佛陀遗体焚化后的遗骨。

⑯上座指惠林寺院首座，他把木佛当佛膜拜，上前取暖则亵渎了佛陀，自然眉毛堕落；丹霞天然以自心为佛，木佛只是塑像，焚木头取暖，自然无有过失。

译文

丹霞和尚是石头希迁的弟子，法名天然。他年轻时热爱中国古代的儒学、墨学，对儒家经典十分精通。早年曾和庞居士一道结伴上长安去应科举，路经汉南道时，在一处寄宿，忽然梦见满屋子白光，醒后他请教圆梦的人，那人告诉他："这预兆着你将领悟空无。"

在路途中，他又遇上一个游方僧人，在一起喝茶时，这僧人问："秀才你去哪里？"

天然回答说："去谋做官。"

僧人叹息道："可惜可惜！花了这么些功夫，与其谋官，为什么不去谋做佛？"

天然问："在哪里可以谋做佛？"

僧人举起茶碗，问："懂吗？"

天然说："我不懂其中的奥妙。"

僧人便说："如果是这样，那么我告诉你，江西有个马祖和尚，现在正在为世人演示佛法，从他那里悟到佛法的人不计其数，那里是真正的谋求做佛的地方。"天然和庞居士都是与佛有缘分的聪明人，听了这话，就不往长安而去参拜马祖。

与马祖刚见面，致意问候之后，马祖大师就问："这个汉子来干什么？"

天然取下头巾，马祖一看便明白，就笑着说："你的师父应该是石头。"

天然恳求道："那么请大师告诉我石头在哪里。"

马祖便说："从这里去，过七百里到南岳衡山，希迁长老就在石头台，你到他那里去出家吧。"天然当天就动身去南岳参拜石头希迁去了。

石头希迁见了天然就问："你从哪里来？"

天然回答后，石头希迁又问："来做什么？"

天然照实一说，希迁就点头说："那你到槽厂去吧！"于是天然在那里成了伙夫。

过了一两年，一天夜间，石头希迁准备第二天早晨为大众落发，便用行参的空隙告诉大家："佛殿前有一丛乱草，明天早上吃了稀饭后就把它铲掉。”

第二天早晨，各个青年僧众争先恐后地拿锄拿铲，只有天然取了剃头刀和水在希迁禅师面前跪拜揩洗，希迁便笑着为他落发，天然脑门上有一肉顶突然凸起，希迁按住它说：“真是天然。”

落发之后，天然便拜谢希迁落发和命名之恩，希迁故意作不解状问道：“我给你起了什么名？”

天然就说：“大师不是说了‘天然’二字吗？”

希迁对他的天赋十分惊异，于是给他略略地讲了一些佛法禅旨，天然却用手堵住耳朵说：“太多了太多了。”

希迁便说：“既然太多了，那你演示演示你懂的东西。”

天然就一下子骑到圣僧塑像头上，希迁感叹道：“这个家伙，以后还要打碎泥龛塑像呢！”

元和初年（约公元八〇六年），丹霞天然上龙门香山，和伏牛山自在禅师成了莫逆之交。后来在惠林寺，一天天气很冷，丹霞就把木头做的佛像拿来烧火取暖，寺中主人生气斥责他，他却说：“我烧佛是找舍利。”

主人说：“木头哪里有舍利？”

天然说：“既然木头没有舍利，那为什么要责怪我烧佛取暖？”主人无话，便也凑近来，但一下子眉毛全被火苗烧掉了。

有人向真觉大师请教：“是丹霞烧木佛，寺里主人有什么过错，却被烧了眉毛？”

大师说：“寺中主人只看见了佛像。”

又问：“那么丹霞天然又如何？”

大师说：“丹霞烧的是木头。”

10 药山和尚

原典

药山和尚[①]嗣石头，在朗州[②]，师讳惟俨，姓韩，绛州[③]人也，后徙南康[④]。年十七事潮州西山慧照禅师，大历八年受戒于衡岳寺希澡律师。

师一朝言曰："大丈夫当离法自净，焉能屑屑事细行于布巾耶？"[⑤]即谒石头大师，密领玄旨[⑥]，师于贞元初[⑦]居于澧阳芍药山[⑧]，因号药山和尚焉。

师初住时，就村公乞牛栏为僧堂住，未得多时，近有二十来人，忽然有一僧来请他为院主，渐渐近有四五十人，所在迫狭，就后山上起小屋，请和尚去上头安下。和尚上头又转，转师僧主其院，僧再三请和尚为人说法，和尚一二度不许，第三度方始得许，院主便欢喜，先报大众，大众喜不自胜，打钟上来。

僧众才集，和尚閇却门便归丈室。院主在外责曰："和尚适来许某甲为人，如今因什么却不为人？赚某甲。"

师曰："经师自有经师在，论师自有论师在，律师自有律师在[9]，院主怪贫道什么处？"

从此后，从容得数日，后升座，便有人问："未审和尚承嗣什么人？"

师曰："古佛殿里拾得一行字。"

进曰："一行字道什么？"

师曰："渠不似我，我不似渠。所以肯这个字。"[10]

注释

①**药山和尚：**即药山惟俨禅师，生于唐玄宗天宝十载（公元七五一年），卒于唐文宗大和八年（公元八三四年，但《宋高僧传》卷十七记其大和二年卒，春秋七十，则应为唐肃宗乾元二年至唐文宗大和二年，此据《祖堂集》《景德传灯录》），石头希迁弟子。唐代著名文人李翱曾向他问道，他的弟子有云岩昙晟、船子德诚、道吾宗智等。

②**朗州：**在今湖南常德。

③**绛州**：在今山西新绛。

④**南康**：在今江西赣县，唐时又称虔州。

⑤离法自净指抛开一切事物现象，包括经典、师传、文字、语言，自己体悟自心清净。布巾，指僧侣席地而坐时敷设的坐具。药山惟俨认为坐禅习律，研读经文，都不是顿悟自心的上乘佛法，所以要另觅生路。

⑥《景德传灯录》卷十四、《五灯会元》卷五均记载有药山参谒石头时的对话，但《五灯会元》的记载中多出石头命他去参谒马祖道一的一节，似乎药山领悟玄旨还是在马祖门下的三年里。

⑦**贞元初**：约在公元七八五年，药山三十五岁。

⑧**澧阳芍药山**：在湖南澧县。

⑨经、律、论是佛教所谓“三藏”，包括了所有经典，唐代佛教僧侣有专研经的经师，有专研论的论师，有专研律的律师。禅宗强调自悟本心，对经律论三藏多有贬抑之词，主要是为了使人免于沉湎言说文字，药山不肯讲佛法亦是为此。

⑩肯是首肯、同意的意思。古佛殿里拾得禅师的这行字是说，要学佛者（渠）不能像佛（我），佛亦不能像学佛者（渠），只有这样参禅才算是自悟自心，而不是鹦鹉学舌、亦步亦趋地靠外在偶像来拯救自己。后来洞山良价对先师的“半肯半不肯”也是这个意思（参见本书

《洞山和尚》一节）。

译文

药山和尚是石头希迁的弟子，在朗州，法名惟俨，本姓韩，是绛州人，后移居南康。十七岁时他拜在潮州西山慧照禅师门下，大历八年（公元七七三年）在南岳衡山希澡律师处受具足戒。

有一天他突然说："大丈夫应当不依傍外在力量自己解脱，何必成天琐琐碎碎小手小脚地坐在那里坐禅念经！"于是去参拜石头希迁，并领悟了石头密传的心法，在贞元元年（公元七八五年）到了澧阳芍药山，所以称作药山和尚。

他刚到那里时，曾向村里人借了个牛栏当作僧堂，过不多久，聚集了二十多人，忽然有一个僧人要请他做僧院的住持，渐渐人多了，有四五十人，住处便显得狭小起来，他们就在后山上造了小房子，请药山惟俨在上面住。惟俨到了上面，又转请了一个和尚来主持寺院，主持僧人再三请惟俨为大众说佛法，他刚开始不肯，第三次才同意，主持僧人很高兴，就先去告诉大家，大家也都欣喜万分，打钟上山。

众僧人上得山来，惟俨关了门，却又回到方丈室不出来。主持僧人在外面埋怨说："刚才你答应给大家讲佛法，现在怎么又变卦了？"

惟俨回答说："讲经则自有经师，讲论则自有论师，讲律则自有律师，你怪我做什么？"

就这样，过了几天，他才登上讲座，有人问："不知你承继谁的衣钵？"

惟俨说："古佛殿里'拾得禅师'的一行字。"

这人再问道："这行字说什么？"

惟俨说："他不像我，我不像他。所以我首肯这些个字的意思。"

11 龙潭和尚

原典

龙潭和尚[①]嗣天皇[②]，在澧、朗州[③]，师讳崇信，未详姓氏。在俗之时，世业作饼师，住天皇巷阳，其天皇和尚住寺内，独居小院，多闭禅房，静坐而已，四海禅流无由凑泊，唯有饼师每至食时躬持糊饼十枚以饷斋餐，如是不替数年。

天皇每食已，常留一饼与之，云："吾惠汝以荫子孙。"日日如斯，以为常准。

师因于一日忽自讶之，乃问："此饼是某甲持来，何乃返惠某甲？"

天皇云："是你持来，复汝何咎？"

师闻此语，似少惊觉，乃问曰："弟子浮生扰扰，毕竟如何？”

天皇云：“在家牢狱逼迮，出家逍遥宽广。”师便投天皇出家。

天皇云：“汝昔崇福善，今信吾语，宜名崇信。”

受具戒已，执爨数年，忽于一日问天皇曰：“某甲身厕僧伦，已果宿志，未蒙和尚指示个心要，伏乞指示。”

天皇曰：“你自到吾身边来，未尝不指汝心要。”

师问：“何处是和尚指某甲心要处？”

天皇曰：“汝擎茶，吾为汝吃；汝持食，吾为汝受，汝和南，吾为汝低首；何处不是示汝心要？”④

师低头沉吟顷刻，天皇云：“见即直下便见，拟思则便差。”⑤

师闻已，顿悟指要，便问：“毕竟如何保任⑥则得始终无患？”

皇曰：“任性逍遥，随缘放旷，不要安禅习定；性本无拘，不要塞耳藏睛；灵光迥耀，如愚若讷，行不惊时，但尽凡心，别无圣解。汝能尔者，当何患乎？”⑦

师既领宗要，触目朗然，犹如远客还家，顿息他游之意；亦如贫收宝藏，故无不足求。

注释

①**龙潭和尚：**即龙潭崇信禅师，生卒年不详，过去各种禅宗灯录均记载他是天皇道悟的弟子，《祖堂集》同，但自宋代以来就有人怀疑并加以考证，根据唐邱玄素《天王道悟禅师塔铭》等，证明龙潭崇信不是青原一系天皇道悟的弟子，而是南岳一系天王道悟的弟子，但这一说法至今尚没有定论（参清刘献廷《广阳杂记》卷五《天王天皇考》）。龙潭崇信的弟子有德山宣鉴、泐潭宝峰等。其中德山宣鉴的一系下有雪峰义存，雪峰义存下有开创云门宗的云门文偃，又经玄沙师备、罗汉桂琛两传，有开创法眼宗的清凉文益。所以龙潭崇信归属天王道悟还是天皇道悟，不仅是决定他属青原或南岳一系的问题，而且是决定云门宗、法眼宗出自哪一系的大问题。

②**天皇：**即天皇道悟禅师（公元七四八—八〇七年），他曾先后参拜径山国一、马祖道一，最后参拜石头希迁而彻悟禅旨，后住荆州天皇寺（今湖北）。另有天王道悟（公元七二七—八〇八年），据宋达观昙颖《五家宗脉》、释慧洪《林间录》引唐邱玄素《天王寺道悟碑》，他曾先后参拜石头希迁、南阳慧忠，最后参马祖道一而悟，后住荆州城西天王寺。《景德传灯录》与《祖堂集》一样均以龙潭崇信为天皇道悟弟子，《五家宗脉》及《林

间录》则以龙潭崇信为天王道悟弟子。

③**澧、朗州：**澧州在今湖南澧县，朗州在今湖南常德，《景德传灯录》《五灯会元》均记龙潭在澧州。

④这是一则著名的禅话，天皇的意思是平常一言一行合于自然者都是禅宗要旨，更不必在平常事之外另觅“心要”。

⑤禅宗南宗强调顿悟与直觉，“拟思”即陷入知识与逻辑的范畴，所以天皇说要悟则刹那间直入悟境，低头思索则走错了路头。

⑥**保任：**指保护持守，《普劝坐禅仪》：“佛道要机保任，谁乐浪中石火”，意思是悟到了禅家旨要，参透了自家本心之后，须保护这种境界使之不失。

⑦天皇道悟这段话是批评“保任”二字的。依照“平常心是道”的思想，南宗禅反对凝心入定、坐禅习静的方法，认为神秀等“时时勤拂拭，莫使有尘埃”的方法是对人自然本心的束缚，这就叫“因定被缚”。既然“佛性常清净”，人的自心即是佛心，那么人的本心不应受到拘束，而应该任从它的自然，所以天皇说，要“任性逍遥，随缘放旷”，要“但尽凡心，别无圣解”。

译文

龙潭和尚是天皇道悟禅师的弟子，在澧州朗州一带，法名崇信，不知道他本来姓名。还没出家时，他是祖传做饼的师傅，住在荆州天皇巷南，那时天皇道悟住在天皇寺内，一个人闭关修持，总是静坐参禅，各处学禅者根本无法见到他，只有做饼的师傅每到吃饭时可以带十个糊饼送给他，这样一连好几年。

天皇道悟每次吃完，总是留一个给做饼的师傅崇信，说："我送给你让你子子孙孙得到好处。"每天都这样，从不变易。

崇信每天接受道悟送的饼，有一天突然觉得奇怪，便问："这饼是我送来的，为什么反而送给我了？"

道悟说："既然是你送来的，还给你又有什么不对吗？"

崇信听了这话，好像心中一动，就问："弟子我处在浮世之中浑浑噩噩，究竟应该如何才是？"

道悟说："在家就像生活在狭小的牢笼，出家就像逍遥在宽广的天地。"于是崇信就拜在道悟门下出了家。

道悟对他说："你过去崇尚福善，现在信奉我的话，应改名叫崇信。"

崇信受了具足戒后，一直还当伙夫，几年后，忽然有一天问道悟："我现在已经是佛门弟子，成就了我的宿愿，可是至今还没有承蒙大师给我指示佛法要旨，恳求大师慈悲，给我讲授。"

天皇道悟说："自从你到我身边来，我一直在指点你修心的要旨呀！"

崇信不解，就问："你讲的修心要旨在哪里？"

道悟说："你端茶来，我就为你喝了，你拿饭来，我就为你吃下，你合十礼拜，我就低头回礼；哪一处不是在指示你佛法要旨？"

崇信低头思索一下，道悟便说："要悟则刹那间领悟，低头思索就走错了路头。"

崇信一听，顿时便领悟了，于是再问道："悟了之后要怎样护持，才能始终不失？"

道悟说："任从本性，逍遥自在，随心所往，放旷自然，不必坐禅习定；心性本来无须束缚，不必塞了耳朵闭了眼睛与世隔绝；让心灵自由发挥，但行为上要大智若愚，不要做惹人注目的事，只要你尽量依照你平凡的心灵生活，就不需要其他高深玄奥的理论。你如果能够如此，还有什么可以损害你的呢？"

崇信领受了这番教诲后，心灵顿时十分朗豁，就像远游的旅人回到了温馨的家，刹那间平息了外出的欲念；又好比贫穷的人家得到了贵重的宝藏，于是其他什么东西都不再使他动心。

12　云岩和尚

原典

云岩和尚[①]嗣药山[②]，在潭州澧陵县[③]，师讳昙晟，姓王，钟陵建昌县[④]人也。

洞山便问：“无情说法，什么人得闻？”

师曰：“无情说法无情得闻。”[⑤]

进曰：“和尚还得闻不？”

师云：“我若闻，汝则不得见我。”

进曰：“与么则某甲不得闻和尚说法去也。”

师云：“吾说法尚自不闻，岂况于无情说法乎？”

因此洞山息疑情，乃作偈曰：“可笑奇！可笑奇！无情解说不思议，若将耳听声不现，眼处闻声方得知。”[⑥]

注释

①**云岩和尚：**即云岩昙晟禅师，生于唐德宗建中三年（公元七八二年），卒于唐武宗会昌元年（公元八四一年），药山惟俨弟子。他最初曾参拜百丈怀海，十几年后才改参药山。关于他的卒年，《景德传灯录》卷十四、《五灯会元》卷五与《祖堂集》同，惟有《宋高僧传》作“大和三年己酉十月二十七日”，即公元八二九年，与前一说差了十二年之多，不知有何凭据。云岩的弟子有洞山良价、杏山鉴洪等。

②**药山：**即药山惟俨禅师（公元七五一——八三四年），他也是参拜马祖道一，又参拜石头希迁两大禅师的，后住澧州药山（今湖南澧县），唐代著名文人李翱曾参拜过他。

③**潭州澧陵县：**即今湖南醴陵。

④**钟陵建昌县：**即今江西永修。

⑤无情指草木瓦砾等无情识的东西，“无情说法”指山林溪石、草木瓦砾也宣说佛法，《阿弥陀经》曾说“树林水鸟皆念佛念法念僧”，所以《顿悟入道要门》说：“无情者，无凡情，非无圣情也。”

不过，禅宗最初并不主张“无情有性”，敦煌本《坛经》四十八节惠能临终所诵《真假动静偈》里曾说：“无情无佛种。”胡适本《神会语录》三十节也说:“佛性遍一切有情，不遍一切无情。”但很快禅师就转向了另一面，《五灯会元》卷二就记载南阳慧忠禅师曾向人讲“无情说法”，并说:“汝若问无情说法，解他无情，方得闻我说法，汝但闻取无情说法去……”

又同上书卷十三里记载他说,“诸圣得闻无情说法”。后来洞山良价就因此向沩山、云岩询问这一命题，这大约是吸收了天台一系“无情有性”的思想，并考虑了“真如遍一切处”的理论，所以转向了超越“有情”“无情”界限，承认只要是存有的事物便能显示佛法。

当然，特别注意打破常识偏执的禅师强调“无情说法”绝不是系着情识的人可以听到的，纵使听到也绝不是无情说法，若有了“无情”“有情”区别意识的人，当然体会不到山林溪石、草木瓦砾在说法，而宣称能听“无情”说法的人也由于堕入了“分别”而成虚妄。

所以，沩山灵祐回答洞山时说诸圣可以听到无情说法，听到无情说法的即非众生，而云岩也只说“无情说法无情得闻”，并说自己也不闻“无情说法”，目的正在于消解“有”“无”这种分别意识，下面洞山偈语里“若将耳听声不见，眼处闻声方得知”也是为了说明要打破常识的界限和分别，用眼听，用耳见，才能从深处体验到“无情说法”这一命题不可思议的意味。

⑥这首偈语在其他书中作“也大奇，也大奇，无情说法不思议。若将耳听终难会，眼处闻时方得知”。

译文

云岩和尚是药山惟俨禅师的弟子，在潭州澧陵县，法名昙晟，本姓王，是钟陵建昌人。

洞山良价和尚问：“没有情识的东西演说佛法，什么人能听到？”

昙晟说：“没有情识的东西演说佛法，没有情识的东西能听到。”

洞山再问：“那么大师能听到吗？”

昙晟说：“我如果听到，你就不能看见我了。”

洞山又说：“这样的话，我就不能聆听大师你演说佛法了。”

昙晟说：“我说的佛法你都听不到，何况没有情识的东西说的佛法！”

听了这话，洞山良价顿时解开了心中的疑团，便写了下面这首偈语：“不可思议呀！不可思议！无情识的万物，也能演说佛法，真不可思议，如果你用耳朵听，无声又无息，如果你用眼睛听，才能真的知晓佛法真谛。”

13　洞山和尚

原典

洞山和尚[①]，嗣云岩，在洪州高安县[②]，师讳良价，姓俞，越州诸暨[③]县人也。初投村院主[④]处出家，其院主不任持[⑤]，师并无欺嫌之心。过得两年，院主见他孝顺，教伊念《心经》[⑥]，未过得一两日念得彻，和尚又教上别经，师启师曰："念底《心经》尚乃未会，不用上别经。"

院主云："适来可怜念得，因什么道未会？"

师曰："经中有一句语不会。"

院主云："不会哪里？"

师曰："不会'无眼耳鼻舌身意'，请和尚为某甲说。"

院主杜口无言，从此法公不是寻常人也。院主便领上五泄和尚[⑦]处，具陈前事："此法公不是某甲分上人，乞和尚摄收。”五泄容许。

师蒙摄受，过得三年后，受戒一切了，谘白和尚启师：“某甲欲得行脚[8]，乞和尚处分。”

五泄云：“寻取排择下，问取南泉[9]去。”

师曰：“一去攀缘[10]尽，孤鹤不来巢。”

师便辞五泄到南泉，南泉因归宗[11]斋，垂语云：“今日为归宗设斋，归宗还来也无？”

无对，师出来礼拜云：“请师征起[12]。”

南泉便问，师对曰：“待有伴则来。”

南泉[illegible]下来抚背云：“虽是后生，敢有雕啄之分。”

师曰：“莫压良为贱[13]。”

因此，名播天下，呼为作家也。后参云岩，尽领玄旨。

因云岩斋，有人问：“和尚于先师处得何指示？”

师曰：“我虽在彼中，不蒙他指示。”

僧曰：“既不蒙他指示，又用设斋作什么？”

师曰：“虽不蒙他指示，亦不敢辜负他。”

又设斋次，问：“和尚设先师斋，还肯[14]先师也无？”

师曰：“半肯半不肯。”

僧曰：“为什么不全肯？”

师曰：“若全肯，则辜负先师。”

僧拈问安国：“全肯为什么却成辜负？”

安国曰："金屑虽贵[15]。"

白莲云："不可认儿作爷[16]。"

问："承教中有言：'誓度一切众生，我则成佛。'此意如何？"

师曰："譬如十人同选，一人不及第，九人总不得；一人若及第[17]，九人总得。"

僧曰："和尚还及第不？"

师曰："我不读书。"

师问僧名什么，对曰："专甲。"

师曰："阿那个是阇梨主人公？"

对曰："现在对和尚即是。"[18]

师曰："苦哉苦哉！今时学者例皆如此，只认得驴前马后[19]，将当自己眼目，佛法平沉，即此便是客中主尚不辩得，作么生辩得主中主[20]。"

僧问："如何是主中主？"

师曰："阇梨自道取。"[21]

僧云："某甲若道得，则是客中主。"[22]

师曰："与么道则易，相续则大难大难。"[23]

云居代云："某甲若道得，不是客中主。"

问："师见什么道理，更住此山？"

师曰："见两个泥牛斗入海，直至如今无消息。"[24]

问："饭百千诸佛，不如饭一无修无证之者[25]，未审百千诸佛有何过？”

师曰：“无过，只是功勋边事。”㉖

僧曰：“非功勋者如何？”

师曰：“不知有保任即是。”㉗

问：“承和尚有言，教人行鸟道，未审如何是鸟道？”㉘

师曰：“不逢一人。”

僧曰：“如何是行？”

师曰：“足下无丝去。”㉙

僧曰：“莫是本来人也无？”

师曰：“阇梨因什么颠倒？”

僧云：“学人有何颠倒？”

师曰：“若不颠倒，你因什么认奴作郎？”㉚

僧问：“如何是本来人？”

师曰：“不行鸟道。”

问：“牛头未见四祖时，百鸟衔花，供养时如何？”

师曰：“如珠在掌。”

僧曰：“见后为什么不衔花？”

师云：“通身去也。”

问：“如何是无心意识底人？”

师曰：“非无心意识人。”㉛

僧问：“还参请得也无？”

师曰：“不曾闻人传语，不曾受人嘱托。”

僧曰：“还亲近得也无？”

师曰：“非但阇梨一人，老僧亦不得。”㉜

僧曰：“和尚为什么不得？”

师曰：“不是无心意识人。”

问：“蛤中有珠，蛤还知否？”

师曰：“知则失。”㉝

僧曰：“如何则得？”

师曰：“莫依前言。”

问：“古人有言：‘以虚空之心合虚㉞之理。’如何是虚空之理？”

师曰：“荡荡无边表。”

“如何是虚空之心？”

师曰：“不挂物。”

“如何得合去？”

师曰：“阇梨与么道则不合也。”㉟

师问僧：“有一人在千万中，不向一人，不背一人，此唤作什么人？”

僧曰：“此人常在目前，不随于境。”

师曰：“阇梨此语是父边道？子边道？”

对曰：“据某甲所见，向父边道。”

师不肯，师却问典座：“此是什么人？”

对曰：“此人无面背。”

师不肯，又别对曰：“此人无面目。”

师曰：“不向一人不背一人便是无面目，何必更与么道？”

师代曰：“绝气息者㊱。”

注释

①**洞山和尚：**即洞山良价禅师，生于唐宪宗元和二年（公元八〇七年），卒于唐懿宗咸通十年（公元八六九年），云岩昙晟弟子。唐宣宗大中年间（公元八四七—八六〇年）在新丰山大兴禅法，后住豫章洞山，开创禅宗五家之一的曹洞宗，首创“五位君臣”等命题，著有《宝镜三昧歌》。弟子有曹山本寂、云居道膺等。

②**洪州高安县：**即今江西高安县，但洞山实际上在今江西宜丰附近。

③**诸暨：**在今浙江诸暨，《景德传灯录》卷十五、《五灯会元》卷十三则作“会稽人”，会稽即今浙江绍兴。

④**村院主：**即小寺院监寺，后多称监寺，《释氏要览》说：“监者总领之称，所以不称寺院主者，盖推尊长老。”

⑤**不任持：**指不能胜任院主之职。

⑥**《心经》：**即唐玄奘译《般若波罗蜜多心经》一卷。

⑦**五泄和尚**：即五泄灵默禅师（公元七四七—八一八年），马祖道一弟子，唐贞元初年（约公元七八五年）住白沙道场，后迁五泄（在今浙江诸暨），详见本书《五泄和尚》节。

⑧**行脚**：指四处游方参拜。

⑨**南泉**：指南泉普愿禅师（公元七四八—八三四年），马祖道一弟子，住池阳南泉山（今安徽贵池），详见本书《南泉和尚》节。

⑩**攀缘**：指自心不能清净，因外缘而起妄念，就像猿攀木枝忽起忽落，不能安定。《楞伽经》卷一说："法佛者离攀缘"，《维摩诘经·问疾品》说："何为病本，谓有攀缘"，所以《楞伽经》卷二说有四种禅，攀缘如禅是第三种，尚未达到"如来禅"境界。洞山良价要求四处游学，并向五泄表示，一去之后，"攀缘"将不再有，我将直入如来禅境，就如孤鹤从此独飞而不返。

⑪**归宗**：指归宗智常禅师（生卒年不详），马祖道一弟子，住庐山归宗净院（今江西九江）。元和年间（公元八〇六—八二〇年）曾与白居易、李渤交往论禅，名重一时，因双眼患病红肿，世号"赤眼归宗"，传见《宋高僧传》卷十七、《五灯会元》卷三。南泉普愿是他的师弟，所以于他的忌日设斋祭奠。

⑫**征起**：指重举话头。

⑬**压良为贱：**暗指上面南泉普愿的“雕啄（琢）”二字，禅宗奉行自心自悟，若要他人雕琢，则违背了“自心是佛”，所以洞山良价说南泉，不要用你的“雕啄”使我成为“见闻觉知”的愚夫禅。

⑭**肯：**是遵从、接受的意思。

⑮**金屑虽贵：**四字下面省略了“着眼成翳”四字，金屑虽然贵重，但在眼里也还是和沙子一样翳蔽视觉。这里用来比喻先师的教诲虽然可贵，但若一味依从，则翳蔽了自心灵明，所以对先师要“半肯半不肯”。

⑯**认儿作爷：**比喻若把先师教诲顶戴遵循，不敢越雷池半步，则是本末倒置。

⑰洞山用“及第”比喻“成佛”，说“誓度一切众生”也就是超度了自己。

⑱洞山问的“主人公”是指安身立命的清净自心，答者答的却是有形的身躯，这就大错特错，堕入五阴形相之中了。

⑲**驴前马后：**本指官员出行时前后吆喝开道，打探消息的差役。这里洞山良价用来比喻那些不能悟禅明心的人只能靠驴前马后人来做自己耳目，自己实际上成了聋、瞎的傀儡。

⑳“客中主”“主中主”是禅宗以主、客来辨析理、事、心、物等关系的两个术语。本来，“客”指参禅者，

"主"指禅师，在临济宗的"四宾主"中即是如此(参见《人天眼目》)。但在曹洞宗创始人洞山这里,"客"又是指物、外缘、事、万法；"主"又是指心、自己、理，更富于包容性。所谓"客中客""主中客""客中主""主中主"即是理事、心物关系的四种形式。从禅宗的旨意上来说，自然应当寻求"主中主"，即纯粹内在清净无染的心灵境界。

这种辨析命题与术语可能与洞山曾参拜过的龙山和尚有关,《五灯会元》卷三曾记载洞山问龙山"主""宾"的言语，当然，和曹洞宗著名的"五位君臣"(君位正中偏、臣位偏中正、君视臣正中来、臣向君偏中至、君臣合兼中到)更有极相似之处。

㉑"主中主"是指启悟学人精通禅理的禅师，也是指纯粹内在心灵境界，不可由他人代悟，所以洞山说"你自己道取"。

㉒问话僧只记得"主中主"的表面含义，而忘了"主中主"另有暗示含义，所以说我即使能说，也只不过是来参禅者中懂禅的人(客中主)。

㉓这样说很容易，但再说下去就很难了。因为洞山觉得问话者根本没有领悟,《五灯会元》卷十三在这则对话后记载洞山一首偈语，就说："嗟见今时学道流，千千万万认门头。恰似入京朝圣主，才到潼关便即休。"

㉔这一问在《景德传灯录》卷八中本是洞山问龙山和尚答。泥牛入海无消息暗示二谛圆融，心法双忘。

㉕这句话即《四十二章经》所说的："供养三世诸佛，不如供养一无心道人。"

㉖这句的意思是无过失与有功勋相近，都属于"有为"而不是"无为"，"无修证之者"则即非有为也非无为，所以最高。

㉗保任是不断持戒修行，《五灯会元》卷四，长庆大安问百丈怀海："未审始终如何保任？"百丈答："如牧牛人持杖视之，不令犯人苗稼。"但大多禅师都反对这种违背自然的做法，主张"无心放旷"，不主张束缚自己，所以洞山回答问者说，根本不知有"保任"二字的，就是既不有过失也不有功勋的"无修证之者"，即"无心道人"。

㉘鸟道指鸟飞天空的轨迹，行鸟道者如羚羊挂角，无迹可求，不落理路言筌，不着经典文字，所以纯是自觉自悟。

㉙脚下没有一丝移动即是"行"。

㉚"本来人"是不可言说的，一旦形诸言语，就不是"本来人"，所以洞山说他"认奴作郎"。

㉛"无心意识底人"在洞山良价看来尚未摆脱"有""无"两端，所以尚未臻自然随缘境界，因为真正"平常心"是不必执着于"有"或"无"的，所以洞山

说真正的“无心意识人”是“非无心意识人”。

㉜真正悟禅的境界只能自己向内求证，无法向外觅寻，所以不须亲近，不可请得。

㉝比喻禅悟的无意识性与自发性，若堕入知觉、理性，则不能悟禅。

㉞“虚”字下，疑漏一“空”字。

㉟一落言筌，即非禅境，所以洞山说，只要你这么一说，便不能得悟了。

㊱**绝气息者：**即死人才能既不面向一人，又不背朝一人。禅宗大师并不主张如此绝对离群索居，苦苦坐禅静修，而是主张顺其自然，向也罢，背也罢，都应顺其自然。各个答者不悟此理，或答“不随于境”（清净寂灭心），或答“无面目”，都未能契悟真谛。

译文

洞山和尚是云岩昙晟禅师的弟子，在洪州高安县，法名良价，本姓俞，是越州诸暨人。最初，他到一个小寺院监寺那里出家，那监寺不称职，但良价却没有半点蔑视他的心思。过了两年，这监寺看他很孝顺，就教他念《心经》，没过一两天，良价就念熟了，监寺又要教他念别的经，但他却禀报说：“我念《心经》还没彻底明白，不必念别的经。”

监寺就问：“前时看你念得很好，为什么说还不明白？”

良价说：“经里有一句不太懂。”

监寺问：“哪句？”

良价便说：“‘无眼耳鼻舌身意’一句不懂，请你为我讲讲。”

监寺哑口无言，因而知道良价不是普通人。监寺便带他到五泄灵默禅师那里，把这事告诉了灵默，说：“这个和尚不是我能教诲得了的，请大师收下他。”五泄灵默答应了。

良价承蒙灵默收留，三年后受了具足戒，就禀报灵默禅师：“我想四处游学，请大师同意。”

灵默说：“步步下山去问南泉。”

良价便说：“这一去，攀缘之心一扫而空，我将像排云孤鹤，不再回巢。”

良价告辞后，来到贵池南泉普愿禅师处。一次，南泉普愿为归宗智常设纪念斋会，便问道：“今天给归宗设斋，归宗会来吗？”

没有人能回答，良价便出来礼拜，说：“请大师再问一遍。”

普愿便问，良价说：“等有伴了后就来。”

普愿大喜，跳下禅床来拍拍他的背说：“虽然年轻，但真是可以雕琢之器。”

良价却说：“你不要逼良为娼。”

从此良价名声大震，世人称他为大家，后来他又去参拜云岩，学到了他所有的佛法禅旨。

一次，在为云岩设的纪念斋会上，有人问：“你从故去的老师那里领受了什么教诲？”

良价说：“我虽在云岩那里，却没有领受他任何教诲。”

一僧问：“既然不曾领受他的教诲，那给他设斋干什么？”

良价答道：“虽不曾得到他的教诲，但也不敢辜负他。”

又一次斋会上，有人问：“大师，你给先师设斋，请问你同意你先师的思想吗？”

良价说：“半同意半不同意。”

一僧人问：“为什么不全同意？”

良价说：“如果全同意，则辜负先师的苦心了。”

这僧人把这话去问安国：“为什说全同意就辜负了先师苦心？”

安国说：“金子的残屑固然贵重，揉在眼上眼睛也会生病。”

白莲说："亲情固然可贵，但不能把儿当爹。"

有人问良价："听说佛经中说：'发愿度脱一切众生，如此我才能成佛。'这话怎么讲？"

良价说："就好比同样水平的十个人一齐应科举，一人不及第，九人也不及第；一人若及第，九人也及第。"

僧人问："那么大师你及第了吗？"

良价说："我又不读书。"

良价问僧人姓名为何，僧人说名某某。

良价问："那么哪个是你自己？"

僧人说："现在面对大师的就是。"

良价说："苦啊苦啊！现在的人怎么都是这样，只认得个驴前马后，就把它当自己的眼睛耳朵。佛法沉沦，就这样连个'客中主'都识不得，又怎么能识得'主中主'？"

僧人问："怎样才是主中主？"

良价说："和尚你自己说。"

僧人说："如果我能说，则成了客中主。"

良价便说道："这样说来虽然容易，但再说下去就十分地困难了。"

后来云居道膺禅师代替洞山良价说了一句："那个僧人如果能说，就不会是客中主。"

有人问："大师你看出了什么奥秘，能住在这山上？"

洞山良价说："我看见两头泥牛打架一直打到海里去了，至今没有它们的消息。"

又有僧人问："有人说，供养千百个佛陀，不如供养一个不修不证的无学道人，不知道千百个佛陀犯了什么过错？"

良价说："没有过错，只是有关功勋事罢了！"

又问："那没有功勋的又怎么样？"

良价说："只要他心里没有保持护念的想法就对了。"

有僧人问："听说大师曾说，让人走鸟道，不知什么是鸟道？"

良价说："不遇见一个人。"

又问："怎么才是行路？"

良价说："脚下不移动一根丝。"

僧人问："莫非你是说本来面目的人吗？"

良价斥责说："和尚你为何说颠倒的话？"

僧人不解："弟子怎么颠倒了？"

良价说："如果不颠倒，为什么你把奴婢当主人？"

僧人又问："怎样才是本来面目的人？"

良价却答道："不走鸟道。"

有人问："牛头法融没参拜四祖道信时，有百鸟为他衔花来，那么他供奉四祖后又如何？"

良价说："如珍宝在掌中。"

僧人问："供奉四祖后为什么百鸟不衔花了？"

良价说："因为他连肉身都不存在了。"

又有僧人问："怎样是没有心思意识的人？"

良价说："并非没有心思意识的人。"

僧人说："还能向他参拜请教吗？"

良价答道："他从不听人说话，也从不受人嘱托。"

僧人又问："能和他亲近吗？"

良价说："不止是你，连老汉我也不能。"

僧人问："为什么大师不能？"

良价答："因为不是没有心思意识的人。"

有僧人问："蛤中有珍珠，蛤自己知道不？"

良价说："知道了就失去了。"

僧人问："怎样才行呢？"

良价说："莫用前面的话来试探。"

僧人问："古人说过：'要以虚空的心，来体会虚空的理。'什么是虚空的理呢？"

良价说："空空荡荡无边无涯。"

"那什么是虚空的心？"

良价说："不挂牵任何事物。"

"那二者怎样契合？"

良价答道："只要和尚你这么一说就不契合了。"

良价有一次问僧人："有一个人在千万个人中间，既不面向一个人，也不背向一个人，这人叫什么人？”

僧人说：“这人常在眼前，但又不落在世俗境界中。”

良价问：“你这话是就胜义说？就俗谛说？”

僧人说：“据我看是就胜义说。”

良价不同意，便又问典座：“这是什么人？”

典座说：“这人没有向背之分。”

良价也不首肯。还有人说：“这人没有面孔。”

良价便说：“不面向一人不背向一人就是没有面孔，这种回答不是说废话吗？”

良价只好自己代大家回答：“这是断了气的死人。”

14 雪峰和尚

原典

雪峰和尚[①]嗣德山[②]，在福州，师讳义存，泉州南安人也，俗姓曾。

师神情坦荡而厉，容止怡怿而威，行则远近奔随，坐则森然拥绕。有时上堂云："汝诸人来者里觅什么？莫要相钝致[③]么？"便起去。

有时上堂，众立久，师云："便与么承当[④]却最好省要[⑤]，莫教更到这老师口里来，三世诸佛不能唱，十二分教载不起。如今嚼涕唾汉[⑥]，争得会我。寻常向师僧道：'是什么？'便近前来觅答话处，驴年识得么事。不得已，向汝与么道，已是平欺汝了也。[⑦]向汝道未干门[⑧]以前早共汝商量了，还会么？亦是老婆心[⑨]也。

“省力处不肯当荷[⑩]，但知踏步向前觅言语，向汝道尽乾坤是个解脱门，总不肯入，但知在里许乱走，逢着人便问阿那个是我，还着么只是自受屈。所以道：临河渴水，死人无数，饭箩里受饥，人如恒河沙，莫将等闲。

“和尚子，若实未得悟入，直须悟入，始得不虚度时光，莫只是傍家相徽掠虚嫌说[⑪]，悟入且是阿谁分上事？亦须着精神好。菩提达磨来道：我以心传心，不立文字，且作么生？是汝诸人心，不可只是乱统了便休去，自己事若不明，且从何处出得如许多妄想？

“向这里见凡见圣，见有男女僧俗，高低胜劣[⑫]，大地面上，渺渺地铺砂相似，未尝一念暂返[⑬]，神光流浪[⑭]，生死劫尽，不息惭愧，大须努力好。”

注释

①**雪峰和尚：**即雪峰义存禅师，生于唐穆宗长庆二年（公元八二二年），卒于后梁太祖开平二年（公元九〇八年），德山宣鉴弟子。十二岁拜莆田玉润寺庆玄律师为童侍，十七岁落发，参拜芙蓉山恒照大师，唐宣宗时（公元八四七—八六〇年）北游，在幽州宝刹寺受戒，后到武陵（今湖南常德）德山门下，承其禅法。

唐懿宗咸通六年（公元八六五年）又回芙蓉山。后住雪峰山广福院，广收门人，一时极盛，《宋高僧传》卷十二称“天下之释子，不计华夏，趋之若召”，禅宗五家之一的云门宗即创自他的弟子云门文偃，法眼宗则创自他的三传弟子清凉文益，他的著名弟子有玄沙师备、长庆慧棱、镜清道怤等多人。

②**德山**：即德山宣鉴禅师（公元七八二—八六五年），龙潭崇信弟子，属青原下四世。

③**钝致**：疑即“钝拟”，《敦煌变文字义通释》引《三身押座文》“准拟千年余万年”、《无常经讲经文》“可惜心，错钝拟”等解为“打算”“希望”之意。这里雪峰义存是为打破参禅者的迷执，所以呵斥他们：不去参悟本心，却到堂上来乱寻觅，难道另有什么打算与奢望么？

④**承当**：本指担当、担认，在这里指自行领会。

⑤**省要**：指领悟法要。

⑥**嚼涕唾汉**：指专在他人言语文字中寻觅禅旨心要的参禅者。《五灯会元》卷十五，云门文偃也说这些人是“食人涎唾”。雪峰义存恪守“不立文字”之说，尤其痛恨沉溺于文字言语的愚笨人。《景德传灯录》卷十六记他曾说：“我若东道西道，汝则寻言逐句，我若羚羊挂角，汝向什么处扪摸？”

⑦这句是说我用言语示悟众人，已是第二义，已是欺瞒了你，只是无可奈何才权宜方便说法。

⑧**跨：**书中原注："跨步也，口化反。"相当于"跨"。这句是说，所谓"禅旨心要"，本来就在你心中，并非你跨门而入之后才有人告诉你。

禅宗语录中这类暗示颇多，如"古镜未磨时""未上树时"等，《五灯会元》卷六，覆船洪荐禅师章下即有一条极其明确："问：'如何是玄妙？'师曰：'未闻以前。'""未闻以前"心灵清净纯明，已闻之后反有可能被尘缘知见所蔽。

⑨**老婆心：**是禅宗常用的一个贬词，指反复啰唆的传法之心，拖泥带水的说禅之法，又叫"老婆禅"。《景德传灯录》卷十："河阳新妇子，木塔老婆禅。"

⑩**当荷：**与"承当"意相近，即指领受禅意。

⑪傍家相微掠虚嫌说，到家门才邀人为客者是虚情假意，腹内空空只会空口白牙说空话者是胡说乱道。雪峰义存这句话是希望学禅者单刀直入，直截痛快地悟道，莫要在一旁七嘴八舌拾人牙慧虚言空语。

⑫从清净心看去，万相皆空幻假相，无有差别，从不净心看去，万象森罗列于众人面前，千差万别，所以《楞伽经》卷二说："名句与句身，及形身差别，凡夫愚计着，如象溺深泥。"

⑬**一念暂返：**指返身向内求自证自悟。

⑭**神光流浪：**指自心灵光被人忘却以致无处安身。

译文

雪峰和尚是德山宣鉴禅师的弟子，在福州，法名义存，是泉州南安人，本姓曾。

义存禅师神情坦荡而严肃，举止从容而威严，在他出行时，远近的不少人都愿意跟随他，在他端坐时，周围总是环绕了很多人。有时他走进僧堂，就说一句话："你们大家到这里来找寻什么？难道有什么打算和奢望？"便起身回去。

有时登上座位，看大众一直肃立不动，就说："就这样静静体验最有助于领悟禅意，不要总是在老师的嘴里寻寻觅觅，那真正的禅意，就是三世诸佛也不能说，十二分教也载不了。像现在这样拾人牙慧、嚼人口水的蠢人，怎能真的和我对话参禅！我平常问你们：'是什么？'你们就凑向前来想要寻找答案。到头来什么也捞不着！师父不得已，给你这么说那么说，其实只是哄哄你甚至是欺骗你。如果跟你说，你还没跨进这门槛时就已经和你对话参禅过了，你能懂吗？即使如此，也已经太迂阔太啰唆了。

"你们不在真正省力的地方用心参究，却只晓得凑到老师面前来讨答案问谜底，告诉你整个乾坤内都是解脱之门，可是你们偏不肯进去，只知道在外面乱窜乱跑，碰上人就东问西问哪个是我，搞来搞去只是自讨苦吃。所以说：在河边挖井找水，却渴死人无数，在饭箩里却受饥挨饿，这等人也不少，千万不要掉以轻心。

“和尚们！如果你真的还没悟透，那你就单刀直入地参悟，这样才不会浪费大好时光，不要在那里虚情假意狐疑不决，也不要空口白牙只说废话，悟透生死究竟是为谁的事情？要打起精神下定决心才好。菩提达磨从西天来这里说的‘我以心传心，不立文字’，该如何理解？这心是你们各自自家的心，不能只是胡乱搅一阵就甩手不管了，自己的事情如果都理不清，又怎能抛开心中各种杂念得到心灵解脱？

“你们不要老是将心思外求，比较这是凡，那是圣，总是看到一些外界的男男女女僧人俗人，有聪明有愚笨，黑压压的不计其数，可没有人曾将心性收束到清净无垢的灵明之中，总是流浪生死无家可归，生生死死流转不尽，永远愧对祖师。希望大家努力！”

15　曹山和尚

原典

曹山和尚[1]嗣洞山，在杭州住[2]，师讳本寂，泉州莆田县人也，俗姓黄。

师每上堂示诲云："诸人莫怪曹山不说，诸方多有说成底禅师，在你诸人耳里总满也。一切法不接不借[3]，但与么体会。他家差别知解，无奈阇梨何。

"天地洞然，一切事如麻如苇如粉如葛，佛出世亦不奈何，祖出世亦不奈何，唯有体尽，即无过患[4]。你见他千经万论说成底事，不得自在，不超始终，盖为不明自己事。

"若明自己事，即转他一切事为阇梨自己受用具，若不明自己事，乃至阇梨亦与他诸圣为缘，诸圣与阇梨为境，境缘相涉，无有了时，如何得自由？⑤若体会不尽，则转他一切事不去，若体会得妙，则转他一切事向背后为僮仆者。⑥”

注释

①**曹山和尚**：即曹山本寂禅师，生于唐文宗开成五年（公元八四〇年），卒于唐昭宗天复元年（公元九〇一年），洞山良价弟子，曹洞宗创始人之一，门下有洞山道延、金峰从志、鹿门处真等。曹洞一系思辨色彩颇浓，受华严思想及阴阳学说影响，常讨论“正偏”“理事”之关系，重要命题中“五位君臣”“三渗漏”“三纲要”均富于理论色彩，与他宗不同。

②**在杭州住**：四字不知何指，本寂禅师先住曹山，在临川（今江西宜黄），后住荷玉，亦在此地，疑“杭”字乃“橅”（抚）之误，抚州治所即在临川。

③**不接不借**：佛法全凭自心领悟，不靠问答教诲，亦不得从外借来。

④只要自心体会彻底，便无有忧患过失。

⑤这几句话是说如果不能明白“自参自悟，自心即佛”，那么就是圣贤、经典也成了桎梏。境指心识，缘指外缘，佛教认为人之所以流转生死因果之中，就是由于

境与缘和合生出种种妄识幻相。《俱舍颂疏》卷一说:“色等五境为境性，是境界故。眼等五根名有境性，有境界故。”《大乘起信论》又说:“依能见故，境界妄现。”曹山本寂在这里说，如果不能自内所证，那么圣贤经典与学佛参禅者就不是“以心传心”，而成了境、缘和合，彼此不仅不能沟通，反而互相开涉成了障碍，使心灵不得自由。

⑥自心是主，则一了百了，万事为主，则自心被万事牵制成了奴仆。《维摩诘经》卷一说:“随其心净，即佛土净。”《大乘起信论》说：“心生则种种法生，心灭则种种法灭。”所以《传心法要》说:“一念不起，即十八界空，即身便是菩提华果，即心便是灵智。”反过来，如《华严义海百门》所说：“尘是心缘，心为尘因，因缘和合，幻相方生。”所以心若攀缘，则心为外境所牵，不得自由，反成奴仆，这就是《大佛顶首楞严经》卷二所说的心役于物，“迷己为物，失于本心，为物所转”。

译文

曹山和尚是洞山良价禅师的弟子，在抚州，法名本寂，是泉州莆田县人，本姓黄。

曹山本寂禅师每当登上禅堂，常教诲大众说：“大家不要埋怨我不说佛旨，如今到处有靠要嘴皮胡说乱道而成名的禅师，他们的话已经填满了你们的耳朵。一切最精妙的真谛是不能靠语言传授，不能凭借外力灌输的。如果能够这样如实地体验，则别人各式各样的差别见解，丝毫不能影响你们。

“此时一切山河大地洞然明白，一切的现象不过如麻、如苇、如粉、如葛，没有什么可以贪恋执着的，就是佛陀出世也莫奈何，祖师出世也莫奈何，只要你们自心彻底悟入，就没有任何过失和灾祸。你们看那些靠死啃经典论述的人，纵然他念了千万部书，心灵总不能自由，不能超越生死，这就是因为他不明白超越与解脱是自己的事。

“如果明白这一点，那么一切事物就为我所用了，如果不明白这一点，那么你们就贪求成就诸佛菩萨的外缘，诸位佛菩萨就成了你们贪求的境界，贪求的境界和外缘互相牵扯，就生出种种妄念，妄念就使人流转于世俗生死之途，永无解脱之日，怎么能得自由？如果你们对佛旨不能真正领悟，那一切纷纭繁杂的现象就会纠缠你们心灵，如果你们对于佛旨能真正领悟，则一切纷纭繁杂的现象就被你们抛诸脑后，成了你们任意驱使的奴仆。”

16　落蒲和尚

原典

落蒲和尚[①]嗣夹山[②]，在澧州[③]，师讳元安，凤翔麟游人也，姓淡[④]。自少岐阳[⑤]怀恩寺从兄祐律师受业，至于论经，无不该通。先礼翠微[⑥]，次谒临济，各有所进，后闻夹山，直造澧阳。

才展座具[⑦]，时夹山问："这里无残饭，不用展炊巾。"

对曰："非但无，有亦无着处。"

夹山曰："只今聻[⑧]？"

对曰："非今。"

夹山云："什么处得这个来？"

对云："无这个。"

夹山云："这个犹被老僧坐却底。"

云："学人亦不见有和尚。"

夹山云："与么则室内无老僧。"

对云："画影亦不得。"⑨

夹山赞曰："道者知音拍其掌，钟期能听伯牙琴。"

师问："久向宗风，请师一言。"

夹山云："目前无法。"

师云："莫错。"

夹山云："缦！缦！阇梨！山溪各异，任你截断天下人舌头，争奈无舌人解语何？阇梨只知有杀人之刀，且无活人之剑，老僧这里亦有杀人之刀，亦有活人之剑。"⑩

师进问："如何是和尚活人之剑？"

夹山曰："青山不挂剑，挂剑勿人知。"

师又问："佛魔不到处犹未是学人本分事，如何是学人本分事？"⑪

夹山云："烛明千里像，暗室老僧迷。"⑫

师又问："朝阳已升，夜月未现时如何？"

夹山曰："龙含海珠，游鱼不顾。"⑬

师闻此语，莫知所从，便止夹山，抠衣数载，不惮劳苦，日究精微。

师有时上堂云："夫学道先须辨得自己宗旨，方可临机免失。只如锋铓未兆已前，都无是个非个，瞥尔暂起见闻，便有张三李四、胡来汉去，四姓杂居，各亲其亲[14]。相参是非互起，致使玄関固闭，识锁难开。疑网笼牢，智刀方剪，若不当场晓示，迷子何以知归？欲得大用现前，但可顿亡诸见。见量若尽，昏雾不生，智照洞然，更无物与非物。

“今时学人，触目有滞[15]，盖为依他数量作解，被他数量该括得定！分寸不能移，所以见不逾色，听不越声，鼻香、舌味、身触、意法亦然[16]。假饶当得门头净洁，自己未得通明，还同不了。若也单明自己，未明目前，此人只具一只眼。所以是非忻厌[17]，贯系[18]不得，脱折自由，谓之深可伤愍矣。”

注释

①**落蒲和尚：**即落蒲元安禅师（落蒲，《宋高僧传》卷十二及《景德传灯录》卷十六作“乐普”，《五灯会元》卷六作“洛浦”），生于唐文宗太和八年（公元八三四年），卒于唐昭宗光化元年（公元八九八年），夹山善会弟子，先住落蒲山（今湖南澧县），后迁至朗州苏溪（今湖南常德），弟子有乌牙宾彦、青峰传楚等。

②**夹山：**即夹山善会禅师（公元八〇五—八八一年），属青原行思下第四世，师事船子诚禅师，咸通初年

（公元八六〇年）建夹山禅院（在今湖南澧县），弟子有落蒲元安、逍遥怀忠、蟠龙可文等。

③**澧州**：即今湖南澧县。

④《祖庭事苑》作“姓谈”。

⑤**岐阳**：即岐州，亦即凤翔旧称，所以《景德传灯录》卷十六说：“早年出家依本郡怀恩寺祐律师披削具戒。”

⑥**翠微**：即翠微无学禅师，丹霞天然弟子，传见《五灯会元》卷五。

⑦**座具**：即尼师坛（梵文 Niṣidana）的意译，又名随坐衣，僧人随身携带的六种必备品之一。坐时敷设于座下以保护下衣，行时则叠起放在袈裟下。《大般若经》卷一有偈云：“善哉尼师坛，诸佛所受用。愿其一切缘，常座于其中。”

⑧**聻**：读如“呢”，语助词。

⑨落蒲元安这一连串看似执拗的否定式回答，也许正合佛教万法皆空的思想，也许正合禅宗不落俗套独立思考的方式，所以博得夹山赞许。

⑩禅宗常用“刀”“剑”等锐器比喻对参禅者严厉而直截的启悟，“杀人刀”是令学人涤清心源，扫荡心魔，把持心性，使情欲俗念不得侵扰；“活人剑”是令学人积极参究，终得顿悟，从而随缘放旷，从心所欲。在一“杀”一“活”之间令学人如大死大生一番脱胎换骨。

⑪佛魔不到处即无善无恶、无是无非境界，即《景德传灯录》卷五惠能所说“不生憎爱，亦无取舍，不念利益成败等事，安闲恬静，虚融澹泊”，落蒲觉得这已是学禅者追求的境界与目标，所以很诧异地问夹山，如果这还不是我们的“本身事”，那么我们还能做什么？

⑫点烛照了外面千里，却未照到身边方寸暗室。比喻若不自心顿悟，纵然道理明、经典熟，也救不得自己。

⑬朝阳已升夜月未现，海面明亮水底漆黑，但纵令龙含海珠照耀明亮，游鱼亦不屑一顾。暗示人人自有开启心性、顿悟禅旨之缘，不必外在经典文字言说代替自己的灵性。

⑭这是说当人一堕入理路言筌，就有了道德、知识、感情上的是非判断、有无差异、好恶偏执，不能站在更高层次上反观这些道德、知识、感情的“空华水月”真相，于是各执一端，不得顿悟，所以下面落蒲元安要求学禅者“顿亡诸见”，抛开这些画地为牢的是非、有无、好恶。后来宋代黄龙祖心禅师全抄这一节话头，见《五灯会元》卷十七。

⑮**触目有滞**：指人处处受到牵制和阻碍，不能自由。落蒲元安认为其原因在于“依他”，即依靠外在众缘而起的空幻假相，而不是依靠自家心性。《成唯识论》卷八说：“心、心所及所变现，众缘生故，如幻事等非有似

有，诳惑愚夫，一切皆名依他起性。”所以人一旦受外在众缘牵引，就不能使心灵空寂清净，自由无碍，反而使自己动弹不得，如堕密网之中。

⑯通常，人的感官各司其职，见与色、听与声、鼻与香、舌与味、身与触、意与法互相对应，这叫“六根”起“六识”。但佛教认为这是人受外在众缘限制而不能以心领悟的缘故，而得到大智慧达到大解脱的人却可以“六根互用”。

《大佛顶首楞严经》卷四就说阿那律陀等可以“无目而见”“无耳而听”“非鼻闻香”“异舌知味”。《成唯识论》卷四亦说：“如诸佛等，于境自在，诸根互用。”禅宗也常以此表示人应该超越感官局限，达到心灵自由，如《五灯会元》卷十三洞山良价所说的“若将耳听终难会，眼处闻时方得知”，宋释晓莹《罗湖野录》卷一《死心禅师赞》所说的“耳中见色，眼里闻声”。

⑰**是非忻厌：**忻，喜悦。即心中由理智与情感为基础的是非判断和好恶偏向。

⑱**贯系：**在这里指把是非好恶打成一片，无有分别，贯通融会，消解分别。

译文

落蒲和尚是夹山善会禅师的弟子，在澧州，法名元安，是凤翔麟游人，姓淡。从小在岐阳怀恩寺师从兄祐律师，对于佛教经论极为精通。后来他曾去参访翠微无学禅师，又去拜见临济义玄禅师，在两处都学到一些东西，后来听说夹山善会的名声，就直奔澧州而来。

在这里，他刚铺开坐具，就听到夹山善会说："这里没有残羹剩饭，你不必铺你的餐巾。"

元安说："不但这里没有剩饭残羹，就连'这里'也是子虚乌有。"

善会说："现在吗？"

元安答道："不是现在。"

夹山善会说："你从哪儿学了这个？"

元安又答："没有什么'这个'。"

夹山善会说："'这个'也不过是我老和尚坐过不要的。"

元安说："我也没看见这里有你老和尚。"

善会说："那么，这房间里没有我老和尚。"

元安说："就是连个影子、画像也没有。"

夹山善会十分赞赏，就用两句诗夸奖道："学道者遇见知音才鼓掌，只有钟子期才能领悟伯牙琴声中的高山流水之意。”

元安问道：“我久仰老师的禅风，请你给我说一说。”

夹山善会说：“眼前没有法。”

元安说：“不要搞错。”

善会便说：“慢着！慢着！大和尚啊！山溪各自流向不同，任凭你截断天下人的舌头，可是又怎么奈何得了没舌头人能说话？你只知道有杀人刀而没有活人剑，而老和尚我这里又有杀人刀，又有活人剑。”

元安再问：“怎样是活人剑？”

善会说：“青山不挂剑，挂剑没人知。”

元安又问：“如果说到佛陀和魔鬼都没到过的地方还不是我自己分上的事，那么什么是我分内应做的事？”

善会说：“烛光能照亮千里的佛像，暗室中的老和尚则迷蒙不见。”

元安又问：“朝阳已升，夜月未现时如何？”

善会答道：“纵然龙口含有夜明珠，可是水中游鱼却连看也不看。”

元安听了这话，丈二金刚摸不着头脑，就在夹山善会这里住下，恭恭敬敬，不辞劳苦，一直好几年都在体会其中的精妙旨意。

元安有时走上禅堂说：“学道的人首先要明确自己的宗旨，才能在对答之中免于失误。这好比锋芒不露、刀剑在鞘时，没有是是非非，但只要心里一有念头，就会生出张三李四、胡人汉人的差别，就好像四姓杂居，各有亲人外人的差异一样。在参验禅意时有是非亲疏，就会使心灵被封闭、悟性不出现。心中的疑团像一张铁网，只有智慧之剑才可劈开，如果不当下启迪，迷惘的浪子怎么能回归故乡？想要使大彻大悟境界到来，只能让各种见闻知识顿时消亡。如果这些见闻知识被清除干净，心灵上蒙着的晨雾就会消失，智慧才会朗照人生，这时没有什么是与非的差别。

“现在的人，往往眼睛不亮，被各种现象迷惑，这是因为他总是被外在事物束缚住了！动也不能动，所以眼睛看到的只是一些事物的表面形相，耳朵听到的只是一些事物的外在声响，鼻子闻到的、舌头尝到的、身体触摸的、意识了知的都是如此。即使门前扫得干净，自身却不清净，还是等于不得清爽。如果只明了自心，不洞明世界，这样的人也等于只长了一只眼睛。所以是非好恶如果不能打成一片，贯通融会、消解分别，那么就不能得到自在，真是可悲可叹！”

17　玄沙和尚

原典

玄沙和尚[1]嗣雪峰，在福州，师讳师备，俗姓谢，福州闽县人也。咸通初上芙蓉山出家[2]，于钟陵[3]开元寺道玄律师受戒，却归山门，凡所施为，必先于人，不惮风霜，岂倦寒暑，衣唯布衲，道在精专，语默有规，不参时伦。雪峰见师器质粹容，亦多相接，乃称师为“备头陀”[4]。

问：“如何是学人自己事？”

师云：“用自己作什么？”[5]

问：“从上宗门中事[6]，此问如何言论？”

师云：“少人听。”

师云：“佛言：‘吾有正法眼，付嘱摩诃迦叶。’我道犹如话月，曹溪竖起拂子[⑦]，是指月[⑧]。”

问：“古人瞬视接人[⑨]，师如何接人？”

师云：“我不瞬视接人。”

进曰：“师如何接人？”师视之。

注释

①**玄沙和尚**：即玄沙师备禅师，生于唐文宗太和九年（公元八三五年），卒于后梁太祖开平二年（公元九〇八年），雪峰义存弟子，生前闽帅王氏赐号“宗一大师”，弟子有罗汉桂琛、安国慧球、国泰院瑫等。

②咸通是唐懿宗年号，玄沙师备出家在公元八六四年，约三十岁时，师为当时芙蓉山灵训禅师。

③**钟陵**：即今江西南昌。

④各书均记载玄沙师备与雪峰义存有一则著名对话。雪峰问：“备头陀何不遍参去？”师备答：“达磨不来东土，二祖不往西天。”暗示学禅不须四处寻师问道，只应自悟本心，所以雪峰义存非常赞赏，见《景德传灯录》卷十八。

⑤说“自己”便有“别人”，于是分出人我而有“我执”，不得通脱自在，所以师备说：“用自己作什么？”

⑥**从上宗门中事**：指佛教中最上乘修持法门。

⑦禅宗认为最玄妙最上乘的佛法是不可思议、不可言说的，佛陀说“正法眼”，已是落了言筌，就好像只是在说“月亮”这个词，曹溪六祖用竖起拂子来暗示佛法，也好像是在指“月亮”，但都不是“月亮”本身。

⑧**指月：**是佛教著名譬喻，用来表示悟道见性不可停留在言筌理路、经典话头上，如《楞伽经》卷四，“如愚见指月，观指不观月，计着名字者，不见我真实”。《大智度论》卷四十三：“如人以指指月，愚者但看指不看月。”

⑨**瞬视接人：**指以眨眼等动作来示悟学参禅者的悟性，马祖道一等禅师都用过这一方法，据说它是仿效佛祖拈花瞬目而来，后来则成了禅师惯用方法，《五灯会元》卷五大颠禅师曾批评说：“多见时辈只认扬眉瞬目，一语一默，蓦头印可，以为心要。此实未了。”

译文

玄沙和尚是雪峰义存禅师的弟子，在福州，法名师备，本姓谢，是福州闽县人。咸通元年（公元八六〇年）在芙蓉山出家，在钟陵开元寺由道玄律师为他授具足戒后，又回到芙蓉山，每有劳作事务，他都争先去做，不怕风霜寒热，穿的只是粗布衲衣，但对于佛旨却精益求精，言谈举止都很守规矩，不沾染世俗风尚，也不和世俗厮混。雪峰义存看到他是一个素质很好的人，就常常和他交往讨论，并叫他“备头陀”。

有人问：“怎样才是我自己的事？”

师备说：“用‘自己’干什么？”

又问：“如果问到佛教最上乘修持法门，该怎么说？”

师备说：“没有人听。”

师备曾说：“佛陀说：‘我有正法眼藏传给摩诃迦叶。’我说他就好比‘话月’；曹溪六祖惠能开启别人，竖起拂子，我说他也不过是‘指月’。”

有人问道：“古人用眨眼来启迪人，你用什么来启迪人？”

师备说：“我不用眨眼来启迪人。”

这人又问：“那你用什么方法使人领悟？”师备对他眨眨眼看着他。

18 云门和尚

原典

云门和尚[①]嗣雪峰，在韶州[②]，师讳偃禅，苏州中吴府嘉兴[③]人也，姓张。年十七依空王寺澄律禅师[④]下受业，年登己卯，得具尸罗[⑤]，习四分[⑥]于南山，听三车[⑦]于中道。

辞入闽岭[⑧]，才登象骨，直奋鹏程，三礼欲施，雪峰便云："何得到与么？"[⑨]师不移丝发，重印全机，虽等截流[⑩]还同戴角[⑪]。每于参请，暗契知见。后出瓯闽，止于韶州。

师因把杖打柱，问："什么处来？"

对云："西天来。"

师云："作什么来？"

对云：“教化唐土众生来。”

师云：“欺我唐土众生。”⑫

却问：“大众，还会么？”

对云：“不会。”

师打柱云：“打你个两重败阙⑬。”

师良久，僧问：“何异释迦当时？”

师云：“大众立久，快礼三拜。”

问：“如何是超佛越祖之谈？”

师云：“蒲州麻黄、益州附子。”⑭

问：“一口吞尽时如何？”

师云：“老僧在你肚里。”

僧问：“和尚为甚么在学人肚里？”

师云：“还我话头来。”⑮

问：“如何是禅？”

师云：“露珠吞虾蟆。”

僧云：“如何举唱，则不负于来机⑯？”

师云：“道什么？”

僧云：“还可来意也无？”

师云：“且款款问。”

师问僧：“诸方行来，道我知有，且与我拈三千大千世界，向眼睫上着。”学人应诺，师云：“钱唐去国，为什么三千里？”

师问僧："一切声是佛声，一切色是佛色，拈却了与你道。"

对云："拈却了也。"

师云："与么驴年去！"⑰

注释

①**云门和尚：**即云门文偃禅师，生于唐懿宗咸通五年（公元八六四年），卒于南汉中宗乾和七年（公元九四九年），雪峰义存弟子。是禅宗五家中"云门宗"的开创者。

②**韶州：**在今广东韶关，云门山即在此地。

③**苏州中吴府嘉兴：**即今浙江嘉兴。

④**澄律禅师：**据《大正藏》四十七册《云门匡真禅师广录》卷下雷岳所作《行录》，乃志澄和尚，云门文偃初出家即以志澄为师，并侍奉数年之久。

⑤己卯为后梁末帝贞明五年（公元九一九年），文偃五十六岁。具尸罗即具戒，凡为僧尼，必先受戒，才取得正式资格。这里"己卯"二字肯定有错误，《行录》说文偃"及长，落发禀具于毗陵坛"，大约在二十多岁时。

⑥**四分：**即《四分律》，中国律宗所依据之主要戒律典籍。南山即终南山，律宗因创立者道宣住终南山，故

又称“南山宗”，文偃并未亲到终南山学律，这里只是说他学习了南山宗的律宗典籍。

⑦**三车**：是《妙法莲华经》中的一个著名故事，这里用“三车”指代《法华经》。

⑧这里漏写了文偃参拜睦州道踪禅师一事，据《景德传灯录》卷十九及《行录》等记载，文偃离开志澄律师之后，曾到睦州（今浙江建德）参拜俗称“陈尊宿”的道踪禅师。

⑨《五灯会元》卷十五记载：“师次日上雪峰，峰才见便曰：‘因甚么得到与么地？’师乃低头，从兹契合。”

⑩**截流**：指领悟禅旨时斩钉截铁般干净利落，有如截断众流。德山缘密禅师曾衍云门文偃“函盖乾坤”“目机铢两”“不涉万缘”三句（见《人天眼目》）为“函盖乾坤”“截断众流”“随波逐浪”三句，称为“云门三句”(《五灯会元》卷十五)。其中“截断众流”即暗指打断理路，令人顿失，从而另觅参悟之道，所以说是“堆山积岳来，一一画尘埃。更拟论玄妙，冰消瓦解摧”。

⑪**戴角**：原意指禽兽,《列子·黄帝》云:“傅翼戴角，分牙布爪，仰飞俯走，谓之禽兽”,《史记 · 律书》：“自含齿戴角之兽，见犯则校”。但这里却是用“戴角”来指代出类拔萃如麒麟戴角,《全唐文》卷一五七李师政《内德论》说：“始蒙然而类牛毛，终卓尔而同麟角。”《五灯

会元》卷五“青原行思禅师章”也说：“众角虽多，一麟足矣。”大约就是这个意思。

⑫答话者执着“西天”“佛陀”之相，不肯当下承担，总想要由他启悟，试想柱子怎能“教化唐土众生”呢？与禅宗“求自不求他”“自心自悟”的思想相违背，所以被云门文偃斥责，因为唐土大众也是可以自悟成佛的，并不须要别人教化。

⑬**两重败阙**：暗指不领会禅意的人，心如双重败阙，既不能尽数拆去，又不能遮蔽风雨，等于自设障碍，自入迷境。

⑭这种对于严肃重大问题采取答非所问的方法在禅宗里极其盛行，比如对“祖师西来意”“佛法大意”，他们就有“庭前柏树子”“镇州萝卜重七斤”“春来草自青”“十年卖炭汉，不知秤畔星”等回答，大概一是防止“有问有答”堕入理路言筌，二是以眼前平常事暗示佛法禅意即生活日常。

“如何是超佛越祖之谈”一问，在《景德传灯录》等书中有比较明确的回答，云门文偃说：“汝等没可凭么见了人道着祖意，便问个超佛越祖之谈，汝且唤哪个为佛，哪个为祖？”而在《五灯会元》卷十五中却只答两个字：“糊饼”。

⑮庞蕴居士曾向马祖问：“不与万法为侣者是甚么

人？”马祖道一禅师答：“子以一口吸尽西江水，即向汝道。”庞居士顿时大悟。（见《五灯会元》卷三）“一口吸尽西江水”是不可能发生的，不与一切现象（万法）接触也是不可能的。禅宗主张“随缘放旷”，并不拒斥人与自然、社会、生活发生关系，所以马祖道一不回答。试图过分追求绝对、彻底的人生解决方案，把不可能当成了可能，于是文偃讽刺他那种绝对的方式不能顺其自然，倒好像要把老僧也吞进肚里似的，把一切都“空”尽，于是不免违背了禅的本意，曲解了文偃的话头。

⑯**机**：指问答中暗含的玄机。

⑰“一切声是佛声，一切色是佛色”是一种肯定的命题，即“山林水鸟皆念佛号”“青青翠竹，尽是法身；郁郁黄花，无非般若”的意思，表示“一切众生皆有佛性”，但这种全面肯定的方式不合禅宗旨意，因为禅宗是随顺自然的，不能偏于肯定一面，所以文偃说要“拈却了与你道”，但当听者误以为不肯定即否定而说“拈却了也”时，他不仅堕入了问答的理路成了有问有答，而且落入了非此即彼的绝对逻辑，因此文偃说他“驴年去”。

译文

云门和尚是雪峰义存禅师的弟子，在韶州，法名文偃，是苏州中吴府嘉兴人，本姓张。十七岁时在空王寺志澄律师门下出家，已卯年受具足戒，曾学了律宗知识，也学了法华经典。

后来辞别师父到了闽中，他刚登上象骨山，就表现了远大志向，当时他正准备向雪峰义存行参见礼，义存就问："你怎么能到这里？"文偃毫不思索，马上便能领悟问话中蕴含的玄机，答话干脆利落不涉理路，显出他出类拔萃的智慧。此后每次与义存请教问答，都契合心性玄机。后来他离开了闽中，到韶州居住。

文偃有一次拿拄杖打柱子，问一个僧人："柱子从哪里来？"

回答说："从西天来。"

文偃问："来做什么？"

这僧人说："来教化中国大众。"

文偃说："是欺骗我们中国大众！"

他回头问大家懂不懂这意思，大家说不懂，文偃就又打柱子，说："打你这一再让人误解的破墩子！"

文偃久久地默默无言，有个僧人说："这柱子和释迦牟尼有什么两样？"

文偃就说："那你们为什么死站在那里？快顶礼三拜呀！"

又有人问："怎样才是超越佛陀祖师的说法？"

文偃说：“蒲州麻黄，益州附子。”

有僧人问：“一口吞尽一切时会怎么样？”

文偃说：“那我老和尚就在你肚子里了。”

有个僧人不解问道：“老和尚你怎么会在人肚子里？”

文偃说：“不然，把我说的话语吐出来还我。”

有僧人问：“什么是禅？”

文偃答：“露珠把蛤蟆吞了。”

又有僧人问：“怎么对答颂赞才不会输给别人提出的机锋？”

文偃说：“说他干什么？”

僧人又问：“那么可不可以首肯他的机锋禅意？”

文偃说：“且慢慢地问他。”

文偃问僧众：“各处来参究的人，说我知晓有无的有，那么你们给我拿三千个大千世界，放在眼睫毛上。”众人刚应声，文偃又说：“钱塘离中原，为什么是三千里？”

文偃问僧：“一切声音都是佛陀的声音，一切形相都是佛陀的形相，把这抛开了，我再跟你说禅法大意。”

僧说：“已经抛开了。”

文偃说：“那你就等到驴年去吧！”

19　马祖和尚

原典

江西马祖[1]嗣让禅师[2]，在江西，师讳道一，汉州十方县[3]人也，姓马，于罗汉寺[4]出家。

自让开心眼，来化南昌[5]，每谓众曰："汝今各信自心是佛，此心即是佛心[6]，是故达磨大师从南天竺国来，传上乘一心之法，令汝开悟。又数引《楞伽经》文，以印众生心地，恐汝颠倒，不自信此一心之法各各有之。[7]故《楞伽经》云：'佛语心为宗，无门为法门。'[8]"

又云："夫求法者应无所求，心外无别佛，佛外无别心。不取善，不舍恶，净秽两边，俱不依怙，达罪性空，念念不可得，无自性故。[9]

"三界唯心[10]，森罗万象，一法之所印，凡所见色，皆是见心，心不自心，因色故有心[11]。汝可随时言说，即事即理，都无所碍，菩提道果，亦复如是。

“于心所生，即名为色，知色空故，生即不生。[12]若体此意，但可随时着衣吃饭，长养圣胎[13]，任运过时，更有何事？汝受吾教，听吾偈曰：‘心地随时说，菩提亦只宁，事理俱无碍，当生则不生。’”

问：“如何是佛法旨趣？”

师云：“正是你放身命处。”

问：“请和尚离四句，绝百非[14]，直指西来意，不烦多说。”

师云：“我今日无心情，不能为汝说，汝去西堂问取知藏[15]。”

其僧去西堂，具陈前问，西堂云：“汝何不问和尚？”

僧云：“和尚教某甲来问上座。”

西堂便以手点头云：“我今日可杀头痛，不能为汝说，汝去问取海师兄。”

其僧又去百丈乃陈前问，百丈云：“某甲到这里，却不会。”

其僧却举似师，师云：“藏头白，海头黑。”

注释

①**马祖：**即马祖道一禅师，生于唐中宗景龙三年(公元七〇九年)，卒于唐德宗贞元四年（公元七八八年），南岳怀让弟子。曾在建阳（今福建)、临川（今江西)、南康（今江西）等处弘传禅法，唐代宗大历年间住钟陵开元寺（今江西南昌附近)，开创圭峰宗密所谓的“洪州宗”，对唐代禅宗影响极大。弟子有百丈怀海、大珠慧海、南泉普愿等百余人，禅宗五家中临济宗、沩仰宗即出自此一系中。马祖道一卒后，唐宪宗敕谥“大寂禅师”。

②**让禅师：**即南岳怀让。

③**汉州十方县：**即今四川什邡县。

④**罗汉寺：**不详，据《景德传灯录》卷六、《宋高僧传》卷十、《五灯会元》卷三，马祖道一“幼年依资州唐和尚落发，受具于渝州圆律师”，后至南岳衡山，因“磨砖作镜”一语而从南岳怀让学禅，时在开元年间（公元七一三—七四一年)。

⑤据《景德传灯录》卷六，马祖道一至南昌前，曾在建阳佛迹岭、临川、南康龚公山，大历中（公元七六六—七七九年）才到南昌附近的开元寺。

⑥**此心即是佛心：**是禅宗的重要命题，六祖惠能《坛经·疑问品》说：“佛向性中作，莫向身外求”，《忏悔品》

又说:“归依自性，是归依真佛”，都是这个意思。马祖道一的一个重要命题“即心即佛”也是这个意思。在禅师看来，超越与解脱的本源是在自心之内而不是在自心之外，所以成佛作祖应“求自不求他”，所谓“自心”，即《楞伽经》卷一所说的“第一义心”或“清净心”。

⑦菩提达磨经常依据《楞伽经》说法，敦煌本《楞伽师资记》记载他与慧可对话即云:“有《楞伽经》四卷，仁者依行，自然度脱。”

⑧《宗镜录》卷五十七引此句后解释说:“所谓宗者，谓心实处，约其真心之性，随其义开体用二门，即同《起信》立心真如门、心生灭门，真如是体，生灭是用。”这个解释不尽合马祖之意，马祖道一的意思是强调“自心即是佛心”的圆满自足，要求人追寻“空无”之心，所以说“无门为法门”。

⑨指善、恶、净、秽俱是自心幻现，无有真实自性。

⑩《华严经》卷三十七《十地品》:“三界所有，虽是一心。”意思是说，欲界、色界、无色界的一切俱为心造。

⑪这里进一步说，通常所谓的“心”也不是真正的“自心”，是由于“五识”与外在因缘和合而产生的“意识”。《俱舍论》卷四说:“心、意、识体一。”这个“心”只是“质多心”，或《宗镜录》卷二所说的“缘虑心”。

⑫这个意思与《心经》所谓“色不异空，空不异色”相近，意谓色（现象）为心（意识）所生，无心亦无色，有心亦有色，若知色是空幻假相，即使色生亦可视为不生，即使心生亦可视为无心，如此，则“自心”不为“色尘”所缚，亦不为“心所”所拘，所以下面说若体此意，可得自在。

⑬**圣胎：**系借用道教炼丹名词，道教以“圣胎”喻凝聚精、气、神于一体，完足圆满的仙体真元。这里马祖道一用来比喻佛性，“长养圣胎”即保持清净佛性不致流失。

⑭四句，指“有、无、亦有亦无、非有非无”四句，《楞伽经》卷二:“如来说法，离如是四句。”百非，指一系列的否定方式，因为佛法真谛无法正面说，所以通常以否定方式显示。

“离四句，绝百非”大约是隋唐佛教常用的一个术语，隋吉藏《三论玄义》卷上亦云：“夫道之为状也，体绝百非，理超四句。”意思是说佛法真谛甚至不能被四句所笼罩，也不能被一系列的否定方式所显示，必须更上一层，才能了悟佛法真谛所在。所以这里僧人要求马祖道一“直指西来意”。

⑮**知藏：**即智藏，马祖道一的弟子，曾随马祖多年，生于开元二十三年（公元七三五年），卒于元和九年

（公元八一四年），传见《宋高僧传》卷十《马祖道一传》所附。

译文

马祖和尚是南岳怀让禅师的弟子，在江西，法名道一，是汉州什邡县人，本姓马，在罗汉寺出家。

他自从得到怀让禅师的指点悟到禅旨以后，到南昌一带来传授佛法。常对众人说："你们现在要自己相信自己的心灵就是佛陀，这心就是佛心，正因为如此，达磨大师才从南天竺国来传授上乘的一心之法，让你们开悟。他又屡次引用《楞伽经》经文，来证明众生心地本自具足万法，他这样做，是怕大家颠倒，不肯相信这一心之法本来就在每个人心中。所以《楞伽经》说：'佛陀的言论始终以心灵为最根本的目标，而空无之门就是超越与解脱的途径。'"

又说："求佛法的人应当一无所求，心之外没有佛陀，佛陀之外也没有心。心应当空明澄澈，不寻觅善，不舍弃恶，在清净和秽浊两端都不偏倚，了知罪恶本性本是空幻，善行德行也是虚假，无论如何思虑都不能得到，因为它们没有永恒不变自性的缘故。

"三界只是一心所现，千万种现象也只是一心所化，凡人能看到的形相，都只是看到了心，心本身并不显现，由于外在现象的媒介才显现。你可以随心说话，无论是事物还是论理，都不会对心产生障碍，智慧与觉悟也同样如此。

“在心中产生的，就叫作现象，知道现象是空幻假相，产生也等于不产生。如果能够领悟这个道理，就可以随心所欲地穿衣吃饭，保持清净空明的佛性，任从生活变化，也不会影响自己的一切。你们领受了我的这番教诲，请再听我这首偈语：‘心地可以随时言说，菩提也只是空灵宁静，无论是事是理都不会束缚你的佛性，只要你把一切现象视为空幻，那么，原本应当会产生的烦恼与障碍，也就不会发生了。’”

有人问：“佛法的旨趣在哪里？”

道一说：“正在你安身立命处。”

又有人说：“请大师你不要用‘有、无、亦有亦无、非有非无’，不要用一系列的否定方式，请为我们直接说一说达磨祖师西来的意蕴，不要啰里啰嗦绕弯子。”

道一回答说：“我今天没有情致，不能给你说，你去西堂问智藏去。”

这个僧人就到西堂向智藏说了上述问话，智藏说：“你为什么不问道一大师？”

僧人说：“大师叫我来问上座你。”

智藏就用手指了指头说："我今天倒霉头痛，不能给你说，你去问怀海师兄。"

这僧人又找了百丈怀海把前面问话说了一遍，百丈怀海说："我虽到这里，却不懂这意思。"

这僧人把智藏和怀海的话又告诉马祖道一，道一说："智藏头白，怀海头黑。"

20　大珠和尚

原典

大珠和尚[①]嗣马大师，在越州[②]，师讳慧海，建州[③]人也。

师谓众曰："汝心是佛，不用将佛求佛，汝心是法，不用将法求法。佛法和合为僧体，唤作一体三宝[④]。经云：'心、佛及众生，是三无差别。'身口意业清净，名为佛出世，三业不净，名为佛灭度。[⑤]喻如嗔时无喜，喜时无嗔，唯是一心，用无二体。[⑥]本智法尔，无漏现前，如蛇化为龙，不改其鳞，众生回心作佛，不改其面。[⑦]

"性本清净，不待修成，有证有求，即同增上慢[⑧]。真空无滞，应用无时，无始无终，利根先悟。用无等等，即是阿耨菩提[⑨]；性无形相，即是微妙色身。无相即是实相[10]，性体本空，则是无边法身，万行庄严具，即是功德法身，即是万化之本[11]，随处立名。智用无尽，即是无尽藏；能生万法，是大法藏；具一切智，是智慧藏；万法同如，是如来藏。[12]经云：'如来者，则诸法如义。一切世间生灭法，无有一法不归如。'"

有座主问："某甲拟问禅师义得不？"

师曰："清潭月影任意撮摩。"[13]

问："如何是佛？"

师曰："清潭对面，非佛而谁？"[14]

座主茫然，却问："禅师说何法度人？"

师云："未曾有法。"

座主云："禅师浑如此？"

师却问："法师说何法？"

对云："讲《金刚经》二十余座。"

师曰："《金刚经》是谁说？"

对云："禅师岂不知是佛说？"

师云："若言如来有所说法，是为谤佛，是人不能解我所说义，若言经不是佛说，即为谤经，离此之外为老僧说。"[15]法师无对。

注释

①**大珠和尚：**即大珠慧海禅师，生卒年不详，马祖道一弟子。先依越州大云寺道智和尚受业，后参马祖，著有《顿悟入道要门论》，甚受马祖称赞，称他“圆明光透自在，无遮障处”，因姓朱，称大珠和尚，后人辑其语录为《大珠禅师语录》，上卷即《顿悟入道要门论》，下卷为答门人问。

②**越州：**即今浙江绍兴。

③**建州：**即今福建建瓯。

④**一体三宝：**指佛、法、僧三位一体于自心。

⑤《大珠禅师语录》卷上《顿悟入道要门论》说“心为根本”，并引《楞伽经》《维摩经》《遗教经》《佛名经》等指出，心净即达佛之境界，心不净即堕入魔之境界，故“顿悟”门以“无念为宗”，以“清净为体”。此数句意即是说，佛与众生并无差别，三业清净即是佛，三业不清净即非佛。

⑥嗔怒与喜悦虽不可能同时具于一面，但嗔怒与喜悦同出于一心。这两句比喻人虽有清净不清净之分，但根源只在乎一心之内。

⑦本智即《大毗婆沙论》卷一〇一所说的“本性念生智”，它是与生俱来的一种洞察前生有漏的智慧。法尔

是“天然生成”“自然而然”的意思,《杂集论》卷六说它指“当来无常,由因随逐,定当受故”。无漏即绝对清净圆满,断除三界烦恼之境界,梵文 Anāsrava 的意译。以上用唯识学名词说,各人本具智慧,圆满境界的呈现,只是自心顿悟的结果,犹如蛇化为龙一样,虽是巨变超升,但鳞片依旧,人之顿悟亦是如此。

⑧**增上慢**:指尚未修行证得果位却自以为证得,因而自欺自瞒,傲慢自负。见《俱舍论》卷十九。

⑨**阿耨菩提**:即“阿耨多罗三藐三菩提”之略称,梵文作 Anuttarā Samyaksaṃbodhiḥ,意为无上正等正觉,即绝对最高最圆满正确的智慧与觉悟,见《维摩诘经·佛国品》。

⑩这句说清净自心境界无有形相,但又是实相,超越有、无两端,所以是微妙不可思议的法身。《维摩诘经·不二法门品》说:“一相无相为二,若知一相,即是无相,亦不取无相,入于平等,是为入不二法门。”

⑪这几句说清净自心境界本性是“空”,但这“空”又可纳“万有”,所以是“无边法身”,其动用万端,都是功德,其性体虽空,却是万相化生的根本。

⑫这几句进一步强调“心生种种法”。

⑬此句比喻所问“义”如清潭月影,本是虚幻影像,但人人可见,所以任人撮摩。

⑭人人面对清潭，都可见“我”，此处隐喻“自心即佛”。

⑮这是禅宗常用的两难问话，大珠慧海的要求是，既不能说《金刚经》是佛所说，也不能说《金刚经》不是佛所说。前者是诽谤佛，因为实际上讲经的是自己，把自己当作佛是不对的；后者是诬蔑经，因为本来经的确是佛讲的，不承认这一点也是不对的。大珠慧海要求人超越这两种说法。

译文

大珠和尚是马祖道一禅师的弟子，在越州，法名慧海，是建州人。

慧海曾对大众说：“你的心就是佛陀，不要用佛陀去另外求佛陀，你的心就是佛法，不要用佛法去另外求佛法，佛陀、佛法和合便是僧人心体，这就叫一体三宝。经典上说：‘心、佛陀和众生，虽然是三，却没有差别。’身口意等三业清净，就是佛陀出世，不清净，就是佛陀灭度。这就好比人生气时没有欢喜，欢喜时没有生气，但这生气和欢喜却都同在一心，并没有两种东西。各人本来就自然而然地具有智慧，圆满境界的呈现只是智慧必然的产物，犹如蛇化为龙，虽然巨变升华，但鳞片依然如故，众人顿悟成佛，外表也同样依旧。

“我们的心本来就是清净无垢的，并不依靠外在修持，如果有人觉得心灵超越要通过追求获得认可，这就等于自欺欺人、傲慢自负。真正的‘空’是无所滞累的，它时时刻刻在你心中，没有开端与终点，谁有慧根谁先领悟。这无差别境界的大用，即是最上乘最完满的智慧与觉悟；这没有形相的体性，就是微妙色身。没有形相即是真实形相，性体本来空无，这就是无边法身，此心具足一切庄严的行为就是功德法身，这是一切变化的根本，可以随处立名。智慧与功用无尽，故名无尽藏；能生万法，名大法藏；具足一切智，名智慧藏；万法皆是一如，所以名为如来藏。经说：‘所谓如来，是一切现象本来如是的意思。世间一切生生灭灭的现象，没有一个不是叫作如。’”

有和尚问：“我可以向禅师请教义理吗？”

慧海说：“清潭中的月影，可以任意捞取。”

于是和尚问道：“怎样是佛陀？”

慧海说：“清潭对面，不就是佛陀吗？”

这和尚大惑不解，就又问：“禅师你讲什么佛法来普度众生？”

慧海说：“我不曾有什么佛法。”

和尚大惊：“禅师你怎么这样？”

慧海反问道:“那你讲什么佛法?”

和尚说:“讲《金刚经》二十多次。”

慧海便问:“《金刚经》是谁讲的?”

和尚答:“禅师难道不知道这是佛陀讲的?”

慧海便说:“如果说如来曾讲说过佛法,实际上已经诽谤了佛,因为好像人人都不能理解佛的意思,反须由你再讲;可是如果说经典不是佛祖所说的,那又诽谤了经典。请在这两种说法之外给我一个答案。”这和尚无言以对。

21　杉山和尚

原典

杉山和尚[①]嗣马大师，在池州。

云岩[②]见月，问师："大好月。"

师云："还照也无。"云岩低却头。

师在南泉造第一座[③]，南泉收生[④]次，云："生。"

师云："无生。"

泉云："无生犹是末。"

南泉行五六步，师召云："长老。"

南泉回头云："作么？"

师云："莫道是末。"

后有人拈问顺德[⑤]："南泉道'生'意作么生？"

顺德云："急水行舟[⑥]。"

"杉山道'无生'意作么生?"

德云:"风若不来,树亦不动[7]。"

"'无生犹是末'意作么生?"

德云:"磨锋捺刃[8],汝且作么生回避?"

"唤南泉意作么生?"

德云:"要举胜今,别旋行持[9]。"

"南泉回头意作么生?"

德云:"象王回旋,师子颦呻[10]。"

"'莫道是末'意作么生?"

德云:"妙个出身[11],古今罕有。"

注释

①**杉山和尚:** 即杉山智坚禅师,生卒年不详,马祖道一弟子。

②**云岩:** 即云岩昙晟禅师(公元七八二—八四一年)。

③**第一座:** 即首座南泉普愿(公元七四八—八三四年),详见后《南泉和尚》节。

④**收生:** 据《景德传灯录》卷六、《五灯会元》卷三,"收生"是收拾"生饭"。

⑤**顺德:** 即镜清道怤禅师,雪峰义存弟子,传见《五

灯会元》卷七。

⑥**急水行舟：**比喻修持勇猛精进，因生饭未熟，尚须加火。

⑦**风若不来，树亦不动：**比喻随顺自然，不必强令修持住心，因饭有生熟，米无生熟。

⑧**磨锋捺刃：**比喻外在客尘侵扰，所以无从回避，心虽无净与不净，但无奈污染。

⑨**别旋行持：**指另觅一种取胜方法。

⑩**象王回旋，师子颦呻：**象王与狮子代表一种王者之气象。是不卑不亢，态度从容，全力面对问题的生命态度。

⑪**妙个出身：**指杉山和尚这一机锋使南泉普愿大开眼界，觅得出身之道。出身，在佛家语中意思是摆脱烦恼业因纠缠，达自由无碍境界。

译文

杉山和尚是马祖道一禅师的弟子，在池州。

云岩昙晟见月亮，就向杉山智坚禅师说："真好个月亮。"

杉山智坚问："还在照耀吗？"云岩低下头去。

又一次，杉山到南泉拜访普愿上座，普愿正在收拾夹生饭，说：“生。”

杉山说：“不生。”

南泉普愿说：“‘不生’只是末等事。”

南泉普愿走了五六步，杉山叫他：“长老！”

普愿回头说：“干什么？”

杉山便说：“不要说‘不生’只是末等的事。”

后来有人把这段对话来请教顺德（镜清道怤禅师）：“南泉普愿说‘生’是什么意思？”

顺德说：“是在急水中行船。”

“那么杉山说‘不生’又是什么意思？”

顺德说：“风如不来，树也不动。”

“那么‘不生只是末等事’一句又是什么意思？”

顺德答道：“如果有人磨刀按剑，你怎样才能躲开？”

“那么杉山叫南泉是什么意思？”

顺德解释说：“要想一举取胜，得另想高招。”

“那南泉普愿为什么回头？”

顺德说：“就像象王转身，狮子低吼，代表他正视问题，全力出击的认真态度。”

“那杉山说的‘不要说是末等事’是什么意思？”

顺德说：“这是让人超越樊篱更上一层，真是古往今来很少有过的巧妙方式。”

22　百丈和尚

原典

百丈和尚[1]嗣马大师，在江西，师讳怀海，福州长乐人也，姓黄。童年之时，随母亲入寺礼佛，指尊像问母：“此是何物？”

母曰：“此是佛。”

子云：“形容似人，不异于我，后亦当作焉。”自后为僧，志慕上乘，直造大寂[2]法会，大寂一见，延之入室，师密契玄关，更无他往。

师平生苦节高行，难以喻言。凡日给执劳，必先于众。主事不忍，密收作具[3]而请息焉，师云：“吾无德，争合劳于人？”遍求作具，既不获而亦忘食，故有“一日不作，一日不食”之言流播寰宇矣。

注释

①**百丈和尚**：即百丈怀海禅师，生于唐玄宗开元八年（公元七二〇年），卒于唐宪宗元和九年（公元八一四年），马祖道一弟子，住新吴百丈山（今江西奉新），与智藏、普愿并称马祖门下“三大士”，他的弟子沩山灵祐开创了“沩仰宗”，他的另一再传弟子临济义玄开创了“临济宗”。他本人制定的《禅门规式》为禅宗制定了禅寺、组织、行为的规范，对后世影响很大，称作“百丈清规”。

②**大寂**：即马祖道一，马祖卒后敕谥“大寂禅师”。

③**作具**：农作工具。

译文

百丈和尚是马祖道一禅师的弟子，在江西，法名怀海，是福州长乐人，本姓黄。在他童年时，一次跟母亲到寺里拜佛，他便指着佛像问：“这是什么？”

他母亲说：“这是佛。”

他说：“他的模样像人，和我没有什么不同，以后我也可以做佛。”以后他出家为僧时，一心向往最上乘境界，便径直去参拜马祖道一，道一禅师一见，就收他为入室弟子，怀海也特别领悟道一的禅法，于是不再另投他处。

怀海一生生活朴素刻苦，自律很严，品格极高，难以用语言描述。他总是说："有劳作差役，我一定要在大众之前。"主持的僧人看他年老，于心不忍，就把他的劳动工具悄悄藏起来想让他休息，可怀海却说："我并没有特别的德行，怎么能让别人来劳动养我？"于是到处寻找工具，找不到，他也不吃饭，所以天下都传播开了他的这句话："一天不劳动，一天不吃饭。"

23　五泄和尚

原典

五泄和尚[①]嗣马祖，在越州，师讳灵默，姓宣，常州人也。

师未出家时入京选官[②]，去到洪州开元寺礼拜大师，大师问："秀才！什么处去？"

云："入京选官去。"

大师云："秀才！太远在。"

对云："和尚此间还有选场也无？"

大师云："目前嫌什么？"

秀才云："还许选官也无？"

师云："非但秀才，佛亦不着。"

因此欲得投大师出家，大师云："与你剃头即得，若是大事因缘即不得。”从此摄受，后具戒。

一日，大师领大众出西墙下游行次，忽然野鸭子飞过去，大师问：“身边什么物？”

政上座[③]云：“野鸭子。”

大师云：“什么处去？”

对云：“飞过去。”

大师把政上座耳拽，上座作忍痛声，大师云：“犹在这里，何曾飞过？”政上座豁然大悟。

因此师无好气，便向大师说：“某甲抛却这个业次投大师出家，今日并无个动情。适来政上座有如是次第，乞大师慈悲指示。”

大师云：“若是出家，师则老僧；若是发明，师则别人。是你驴年在我这里也不得。”

师云：“若与么，则乞和尚指示个宗师。”

大师云：“此去七百里有一禅师呼为南岳石头[④]，汝若到彼中，必有来由。”

师便辞，到石头，云：“若一言相契则住，若不相契则发去。”

着鞋履，执座具，上法堂礼拜，一切了，侍立，石头云：“什么处来？”

师不在意，对云：“江西来。”

石头云：“受业在什么处？”

师不应对，便拂袖而出，才过门时，石头便咄，师一脚在外，一脚在内，转头看，石头便侧掌云："从生至死，只这个汉，更转头恼作什么？"师豁然大悟。

注释

①**五泄和尚：**即五泄灵默，生于唐玄宗天宝六载（公元七四七年），卒于唐宪宗元和十三年（公元八一八年），马祖道一弟子，贞元初（公元七八五年）住天台山白沙道场，后移住五泄（今浙江诸暨），弟子有龟山正元及苏溪和尚等。

②**选官：**指参加科举考试以求官职。

③**政上座：**即百丈惟政禅师，这则"野鸭子"问答在其他禅宗灯录中多归在百丈怀海身上，恐怕是怀海弟子的误传，因为百丈惟政远没有他的师弟名气大。

④**南岳石头：**即石头希迁禅师，详见本书《石头和尚》节。

译文

五泄和尚是马祖道一禅师的弟子，在越州，法名灵默，本姓宣，是常州人。

灵默还没有出家时曾去长安参加科举考试，路过洪州，到开元寺参拜马祖道一禅师。道一问他："秀才！你要去哪里？"

他回答："到京城参加科举考试。"

马祖道一说："秀才！京城太远了。"

他便问："那么和尚这里有考场么？"

道一说："你对这里有什么不满吗？"

他又问："在这里可以找到官做吗？"

道一说："不但是你，就连佛陀也找不到。"

因此他想拜在道一门下出家，道一对他说："给你剃头是可以，但替你解决生死大事却不行。"于是便接收他为弟子，后来又授了具足戒。

一天，道一禅师领着大家从西墙出去散步，忽然有野鸭子飞过去，道一问："身边是什么东西？"

惟政上座说："野鸭子。"

道一又问："哪儿去了？"

上座说："飞过去了。"

道一便拽住惟政的耳朵，上座忍痛呻吟，道一便说："不是还在这里吗？何尝飞过去了？"于是惟政恍然大悟，领受到了禅旨。

为了这件事，灵默很恼火，向道一说："我抛开功名事业在大师门下出家，至今没有得到开悟。刚才惟政上座有这般好事，还希望大师慈悲为怀，给我指示。"

道一说：“你如果只是出家，那我是你的老师；你如果要开悟心灵，那别人是你的老师。你就是到驴年，也不可能在我这里得到开悟。”

灵默一听，就央求道一：“如果这样的话，就请你给我介绍一个老师。”

道一说：“离这里七百里，有一个禅师叫南岳石头，你如果到那里一定会有收获。”

灵默就到了衡山，找到石头希迁禅师，说：“如果说话投机，我就住下，如果一言不合，我就离开。”

他穿着鞋提着坐具走上法堂，向石头希迁行了礼便站在一旁，石头希迁问：“你什么地方来？”

灵默毫不在意话中有话，就说：“江西来。”

石头希迁又问：“你原在什么地方学禅？”

灵默见话不投机，也不回答，就拂袖而去，刚跨出门，石头希迁就发出喝斥，这时灵默一脚在门外，一脚在门内，转回头看，石头希迁就指着他说：“从生到死，都只是这个汉子，你回头转脑干什么？”灵默当下豁然醒悟。

24 东寺和尚

原典

东寺和尚[1]嗣马大师，在潭州，师讳如会，韶州始兴曲江县[2]人也。

大历八年止国一禅师[3]门下，后归大寂[4]，众皆仰德，臻凑如林，榻为之折，时称“折床会”也。

后止长沙东寺，大播洪规，每曰：“自大寂禅师去世，常病好事者录其语本，不能遗筌领意，认‘即心即佛’[5]外无别说。曾不师于先进，只徇影迹。且佛于何住而曰即心？心如画师[6]，贬佛甚矣。”

遂唱于言：“心不是佛，智不是道。剑去远矣，尔方刻舟。”时号东寺为“禅窟”。

丞相崔公胤[7]高其风韵，躬问师曰：“师以何得？”

师曰：“见性为得。”

公云：“师见性不？”

师云：“见性。”

师当时方病眼，相公讥曰：“既言见性，其眼奈何？”

师云：“见性非眼，眼病何害？”

相公喜而礼拜，更与师到佛殿，见雀儿在佛头上放粪，相公问：“者个雀儿还有佛性也无？”

师云：“有。”

相公云：“既有，为什么向佛头上屙？”

师云：“他若无，因什么不向鹞子头上屙？”相公从此礼拜为师。

注释

①**东寺和尚：**即东寺如会禅师。生于唐玄宗天宝三载（公元七四四年），卒于唐穆宗长庆三年（公元八二三年），马祖道一弟子，住长沙东寺，去世后敕谥“传明大师”，弟子有薯山慧超等。

②**韶州始兴曲江县：**在今广东韶关市南。

③**国一禅师：**即径山道钦禅师（公元七一四—七九二年），因唐代宗大历三年（公元七六八年）敕赐“国一”之名而称，住径山（今浙江杭州），为鹤林玄素禅师

弟子，属禅宗四祖道信一系，并非六祖惠能南宗门下。传见《祖堂集》卷三、《宋高僧传》卷九、《五灯会元》卷二。

④**大寂**：即马祖道一。

⑤“即心即佛”是禅宗重要命题之一，《五灯会元》卷二《韶州法海禅师》记法海初见六祖所问便是“即心即佛”，六祖解释说：“前念不生即心，后念不灭即佛。”又说：“即心名慧，即佛乃定。定慧等持，意中清净。”大意是说自心清净即是佛性。这种意思在经典中屡见，如《维摩诘经·佛国品第一》说：“随其心净，则佛土净。”《观无量寿经》说：“汝等心想佛时……是心作佛，是心是佛。”马祖道一也常常以此说禅传法，但后来察觉“心”之清净修持似有束缚心灵自由的嫌疑，及“心”之本原兼有净与不净的弊病，过分强调“即心”易令禅者流于拘束、放纵两端，所以又以“非心非佛”这一命题来弥补。《景德传灯录》卷六便记载：“僧问：‘和尚为什么说即心即佛？’师云：‘为止小儿啼。’僧云：‘啼止时如何？’师云：‘非心非佛。’”东寺如会此处即是发挥马祖道一“非心非佛”的说法，防止学禅者只记“即心即佛”而忘记了“心”中尚有净、不净两端，即如《大乘起信论》所说的“一心二门”。

⑥**心如画师**：指“心”有“不净”一面。《华严经》

卷十一《夜摩天宫菩萨说偈品》中云："心如工画师，造种种五阴"，即是东寺如会禅师此话的来历。

⑦**崔公胤**：《景德传灯录》卷七、《宋高僧传》卷十一、《五灯会元》卷三均作"崔群"，从年代上看，似应为"崔群"，崔群字敦诗，清河武城人，贞元八年（公元七九二年）进士，与韩愈、柳宗元为友。传见《旧唐书》卷一五九、《新唐书》卷一六五。

译文

东寺和尚是马祖道一禅师的弟子，在潭州，法名如会，是韶州始兴曲江县人。

大历八年（公元七七三年）先投在径山国一禅师门下，后来归马祖道一禅师。人人都很敬仰如会的品德，纷纷到他那里来向他学习，由于拥挤，禅榻都曾被压塌了，所以当时人称他那里是"折床会"。

后来他到长沙东寺，弘扬洪州马祖道一的思想，他多次说道："自马祖道一大师去世后，我时常感到一些好事之徒记录了大师的话挂在嘴边，可是又不懂得过河舍筏、得鱼忘筌地领悟，以为除了'即心即佛'以外就没有别的思想了。这些人不曾直接向马祖学习，只是捕风捉影，胡乱说说。而且什么是'即心'、什么是'佛'都不清楚，如果‘即心即佛’能成立，而经典又说‘心如画师’，那佛岂不成了画师，这么说佛实际上是诬蔑佛。”

于是他特意提倡：“心不是佛，智慧不是道。落下河的剑已离开老远，人才去刻船边的印迹呀！”当时人都把东寺如会这里称作“禅窟”。

丞相崔胤十分钦佩他的风采，曾亲自来请教他：“怎样才能得到顿悟？”

如会说：“明心见性。”

崔胤说：“你明心见性了吗？”

如会说：“明心见性了。”

如会当时正害眼病，崔胤调侃说：“既然你已明心见性，可是你的眼睛又为什么那么昏花？”

如会说：“明心见性并不靠眼睛，眼睛病了又有什么关系？”

崔丞相听了很高兴，忙向如会礼拜，便和如会一起到了佛殿，正巧看到麻雀在佛头上拉屎，崔胤又问：“这个雀儿有佛性吗？”

如会说：“有。”

崔胤问：“那它为什么在佛头上拉屎？”

如会答道：“如果没有，雀儿为什么不到鹞子头上拉屎？”崔胤大悟，便拜如会为师。

25 南泉和尚

原典

南泉和尚[1]嗣马大师，在池州[2]，师讳普愿，姓王，新郑[3]人也。

师每上堂云："近日禅师太多，觅一个痴钝底不可得。阿你诸人莫错用心，欲体此事，直须向佛未出世已前，都无一切名字，密用潜通，无人觉知，与么时体得，方有少分相应。所以道：'祖佛不知有，狸奴白牯却知有。'[4]

"五祖大师下有五百九十九人尽会佛法，唯有卢行者一人不会佛法，他只会道，直至诸佛出世来，只教人会道，不为别事。[5]江西和尚说'即心即佛'，且是一时间语，是止向外驰求、空拳黄叶止啼之词，所以言：'不是心不是佛不是物。’[6]如今多有人唤‘心’作‘佛’，认‘智’为‘道’，见闻觉知皆云是佛，若如是者，演若达多将头觅头[7]，设使认为，亦不是汝本来佛。

“若言即心即佛，如兔马有角；若言非心非佛，如牛羊无角。你心若是佛，不用即他，你心若不是佛，亦不用非他。[8]有无相形，如何是道？所以若认心，决定不是佛；若认智，决定不是道。

“大道无形，真理无对，等空不动，非生死流，三世不摄，非去来今。故明暗自去来，虚空不动摇；万象自去来，明镜何曾鉴？[9]

“阿你今时尽说我修行作佛，且作么生修行？但识取无量劫来不变异性[10]，是真修行。”

注释

①**南泉和尚：**即南泉普愿禅师，生于唐玄宗天宝七载（公元七四八年），卒于唐文宗太和八年（公元八三四年），马祖道一弟子，著名的赵州从谂禅师即出自他门下。

②**池州：**在今安徽贵池。

③**新郑：**即今河南新郑。

④狸奴即猫，白牯即白牛。此处意思是说，悟禅必

先息心，将种种机巧智识且放在一旁，因为无上境界不可以智识得，不可以思量得，唯有凝神净心方可悟入，亦不可以从经典文字中寻觅，不可以在佛说菩萨说中拣拾，唯有超越文字语言方可体会，所以南泉普愿说：“密用潜通，无人觉知，与么时体得，方有少分相应。”

祖佛不知有，是因为祖佛没有分别思量之知；狸奴白牯却知有，是因为狸奴白牯已有分别思量之知，不纯是一团混沌之心了。“有”与“空”相对，指意识觉知所能知道的现象分别。

⑤卢行者即六祖惠能，据《祖堂集》卷二记载，有人问六祖惠能：“黄梅意旨何人得？”惠能说：“会佛法者得。”人又问：“和尚还得也无？”惠能说：“我不得。”人又问：“和尚为什么不得？”惠能说：“我不会佛法。”这里引用六祖故事，并非贬斥佛法，而是要劝诫学禅者，莫要在经论文字中寻来觅去，而应该以“心”会“道”，单刀直入地领悟禅意，若在经论文字上寻觅佛法，纵然记得一大部藏经，仍是舍本逐末。

⑥江西和尚即马祖道一禅师，《景德传灯录》卷六记僧问马祖道一：“和尚为什么说‘即心即佛’？”马祖说：“为止小儿啼。”又问：“啼止时如何？”马祖说：“非心非佛。”南泉普愿此处所说即此事，意思是说，“即心即佛”乃是权宜之语，为劝学禅者勿向外驰求的止啼之词，就好像

以空拳黄叶哄劝幼儿一样，进一步即应参悟“非心非佛”之语。“不是心不是佛不是物”即马祖“非心非佛”之意，为南泉普愿的惯用话头，《五灯会元》卷三“百丈惟政禅师”条下曾记载百丈与南泉普愿的对话，南泉即以此句为“不说似人底法”。

⑦演若达多是《大佛顶首楞严经》卷四中所说的一个狂人，他早晨照镜子，爱镜中人头眉目清楚，便埋怨自己的头脸不见眉目，以为自己是魑魅，于是发狂乱跑。《楞严经》的意思是以演若达多头为真性，以镜中头为妄相，比喻一些认真性为妄相，认妄相为真性的人。南泉普愿在这里用它来比喻“唤心作佛，认智为道”的人就像演若达多一样本末倒置。

⑧这里更上一层，既超越了“即心即佛”寻求清净自心的拘束局限，又超越了“非心非佛”寻求心灵自由的放纵无羁。在马祖道一门下诸禅师中，很多人都走的是这个路子，比如《五灯会元》卷三，盘山宝积禅师便说：“若言即心即佛，今时未入玄微，若言非心非佛，犹是指踪极则。向上一路，千圣不传，学者劳形，如猿捉影。”所谓“向上一路”，便是超越“即心即佛”与“非心非佛”的“平常心”。

《五灯会元》卷三，记人问南泉普愿：“即心是佛又不得，非心非佛又不得，师意如何？”南泉普愿说：“大德且信即心是佛便了，更说什么得与不得，只如大德吃饭了，从东廊上西廊下，不可总问人得与不得也。”

这个“且信”的“即心是佛”便是风行一时任意自然的“平常心是道”，而不是“不生憎爱，亦无取舍”的“即心即佛”。

⑨以上数句意在暗示至道的绝对性、不可思议性、永恒性、广袤性，并暗示众人，若要悟道，切不可认取具体名相便当作“道”，而应当以直觉去体验领悟。

⑩万法均在生死因果流变过程中，有生有灭，唯有“大道”“佛性”是永恒的，所以说，只要识取无限时间空间中永恒不变的东西，便达到修行的目的了，否则，都堕入生灭流转，并非真正修行。

译文

南泉和尚是马祖道一禅师的弟子，在池州，法名普愿，本姓王，是新郑人。

普愿每次入禅堂，便说：“近来禅师太多，找一个朴实忠厚的很难！你们大家不要用错了心思，体会禅意，应当朝着佛还没出现、没有一切名称概念、万象潜藏、一切混沌、没有意识知觉的分别去领悟，才能有些希望悟道。所以说：‘祖师、诸佛对现象万法不起分别，了了

分明；但有情识的猫和牛等却为现象迷惑，认假为真。’

“五祖大师手下有五百九十九人都知道佛法，可只有卢行者一人不懂佛法，他只体会到了‘道’，诸佛出世以来，也只是教人体会‘道’，并没有别的途径可以解脱。江西马祖和尚说过，‘即心即佛’也只是权宜之计，只是为了防止人们向外面寻觅追求，才用空拳头、黄树叶等哄小孩让他不要啼哭的方法，所以他说：‘不是心，不是佛，也不是物。’可是现在很多人不领会，仍是把‘心’叫‘佛’，把‘智’当‘道’，把道听途说、胡思乱想都说成是佛，如果真是这样的话，就像演若达多把镜子里的头当真头一样了，即使找到了佛，那佛也不是真正的佛。

“如果说‘即心即佛’，就好比说‘兔马有角’；如果说‘非心非佛’，又好比说‘牛羊无角’。因为你的心要真是佛，你又何必去‘即’他？你的心要不是佛，你又何必去‘非’他？有和无是互相依存的，在有无之间怎样才能找到‘道’？所以说，若是只认定心灵，就肯定不是佛；若是只认定智慧，就肯定不是道。

“真正的道是无形无影的，真正的理是没有第二个的，它们与‘空’一样静止不动，它们不在生死迁流之中，它们没有时间，也没有空间，超越动静生死时空之外。所以说，时间流驶日月如梭，虚空永恒如此；万象纷纭，生生灭灭，明镜依然如故。

“你们现在总是说自己在修行做佛，到底修什么行？切记切记，领悟什么是永恒不变的东西，这才是真正的修行！”

26 沩山和尚

原典

沩山和尚[1]嗣百丈，在潭州[2]，师讳灵祐，福州长溪县[3]人也，姓赵。

师小乘略览，大乘精阅，年二十三，乃一日叹曰："诸佛至论，虽则妙理渊深，毕竟终未是吾栖神之地。"于是杖锡天台，礼智者[4]遗迹，有数僧相随。

至唐兴路上[5]，遇一逸士，向前执师手大笑而言："余生有缘，老而益光，逢潭则止，遇沩则住。"[6]逸士者，便是寒山子[7]也。

至国清寺[8]，拾得[9]唯喜重于师一人，主者呵啧偏党，拾得曰："此是一千五百人善知识，不同常矣。"

自尔寻游江西，礼百丈，一凑玄席，更不他游。

师有时谓众曰:“是你诸人，只得大识，不得大用。”

有一上座在山下住，仰山[⑩]自下来问:“和尚与么道，意作么生?”

上座云:“更举看。”仰山举未了，被上座踏倒，却归来举似师，师吽吽而笑。

师与仰山语话次，师云:“只闻汝声，不见子身出来要见。”

仰山便把茶树摇对，师云:“只得其用，不得其体。”[⑪]

仰山却问:“某甲则任么，和尚如何?”

师良久，仰山云:“和尚只得其体，未得其用。”

师云:“子与么道，放你二十棒。”

注释

①**沩山和尚：**即沩山灵祐禅师，生于唐代宗大历六年（公元七七一年），卒于唐宣宗大中七年（公元八五三年），百丈怀海弟子，唐宪宗元和（公元八〇六—八二〇年）末年到沩山（今湖南宁乡）建同庆寺，开创禅宗五家之一的“沩仰宗”，弟子有仰山慧寂等四十余人，卒后谥“大圆禅师”。

②**潭州：**即今湖南长沙一带，辖境包括今长沙、株

州、湘潭、浏阳、湘乡、醴陵等。

③**福州长溪县**：即今福建霞浦南。

④**智者**：即天台宗创始人智顗（公元五三八—五九七年），曾住浙江天台山，隋开皇十一年（公元五九一年）受“智者”称号。著有《法华玄义》《法华文句》《摩诃止观》等。

⑤《宋高僧传》卷十一载沩山灵祐遇寒山子在入天台途中。唐兴即指天台县，古称始丰县，唐肃宗上元二年改称唐兴。

⑥《宋高僧传》卷十一载寒山子语为：“千山万水，遇潭即止。获无价宝，赈恤诸子。”“潭”指潭州，“沩”指沩山，预言沩山灵祐将在潭州沩山住持弘法。

⑦**寒山子**：是唐代著名诗僧，年代不详，有后人搜集整理的《寒山子诗集》传世，传见《宋高僧传》卷十九。

⑧**国清寺**：在浙江天台。

⑨**拾得**：是与寒山子齐名的唐代诗僧，年代不详，居国清寺，在厨房做杂务，好吟诗，有诗集附于《寒山子诗集》后，传见《宋高僧传》卷十九。

⑩**仰山**：即仰山慧寂禅师，沩山灵祐弟子，同为沩仰宗创始人，详见本书《仰山和尚》节。

⑪这里的“体”“用”与上文的“识”“用”，都是禅

宗用来暗示“心性”与“行为”的术语，分别指代绝对清净纯粹的心灵本原和透过心灵本原显发出来的知识与道德表现。

译文

沩山和尚是百丈怀海禅师的弟子，在潭州，法名灵祐，是福州长溪县人，本姓赵。

灵祐对小乘佛典有广泛涉猎，对大乘佛典更十分精通，二十三岁时，有一天突然感叹：“诸佛的高明言论虽然都是深刻的真理，但毕竟不是我安身立命的所在。”于是四处游学，与几个僧人一道到天台山礼拜智者大师的遗迹。

一次在唐兴路上遇见一位隐逸的高人，这人拉着灵祐的手大笑，并说：“我真是有缘，越老越有幸，逢潭而止，遇沩则住。”这人就是寒山子。

灵祐到了国清寺，拾得和尚只看重灵祐一人，主持寺务的僧人责怪拾得偏爱，拾得说：“他将会是一千五百人的善知识，不同于一般人。”

此后灵祐便到江西，参拜百丈怀海禅师，到百丈那里领悟了禅意之后，便不再到处游学了。

灵祐有时对大众说：“你们这些人呀，只能从语言思维中获得对‘道’的认识，却无法将‘道’活用于生活之中。”

有一个上座僧人在山下住，仰山慧寂便去请教他：“灵祐和尚这么说，是什么意思？”

上座便说：“你把灵祐的话给我再说一遍。”仰山慧寂复述还没完，就被上座推翻在地，仰山回来告诉灵祐，灵祐呵呵大笑。

又有一次，灵祐和仰山慧寂谈话，灵祐说：“只听见你的声音，却看不见你人走出来。”

仰山就摇动身边的茶树，以此来回答。灵祐就说：“你这个做法，又只得实用，没得本体。”

仰山就反问：“我是如此了，你又怎么做？”

灵祐沉默良久，仰山就说：“和尚这种做法，是只得本体，没得实用。”

灵祐说：“你能这么说，饶了你二十棒。”

27　赵州和尚

原典

赵州和尚[①]嗣南泉，在北地[②]，师讳全谂，青社缁丘[③]人也。少于本州龙兴寺出家，嵩山琉璃坛受戒。不味经律，遍参藂林，一造南泉，更无他往。

师问：“如何是道？”

南泉云：“平常心是道。”[④]

师云：“还可趣向[⑤]否？”

南泉云：“拟则乖。”[⑥]

师云：“不拟时如何知是道？”

南泉云：“道不属知不知，知是妄觉，不知是无记，若也真达不拟之道，犹如太虚，廓然荡豁，岂可是非？”[⑦]

师于是顿领玄机，心如朗月，自尔随缘任性，笑傲浮生，拥毳携筇[8]，周游烟水矣。

问："学人拟作佛去时如何？"

师云："费心力。"

僧云："不费心力时如何？"

师云："作佛去。"[9]

问："如何是本分事？"

师指学人云："是你本分事。"

僧云："如何是和尚本分事？"

师云："是我本分事[10]。"

问："如何是佛向上事？"

师云："我在你脚底。"

僧云："师为什么在学人脚底？"

师云："为你不知有佛向上事。"[11]

问："柏树子还有佛性也无？"

师云："有。"

僧云："几时成佛？"

师云："待虚空落地。"

僧云："虚空几时落地？"

师云："待柏树子成佛。"[12]

问："如何是祖师西来意？"

师云："亭前柏树子。"

僧云："和尚莫将境示人。"

师云：“我不将境示人。”⑬

僧云：“如何是祖师西来意？”

师云：“亭前柏树子。”

镇州大王⑭请师上堂，师升座便念经，有人问：“请和尚上堂，因什么念经？”

师云：“佛弟子念经不得么？”

又别时上堂，师念《心经》⑮，有人云：“念经作什么？”

师云：“赖得阇梨道念经，老僧泊忘却。”

师问僧：“还曾到这里么？”

云：“曾到这里。”

师云：“吃茶去。”

师云：“还曾到这里么？”

对云：“不曾到这里。”

师云：“吃茶去。”

又问僧：“还曾到这里么？”

对云：“和尚问作什么？”

师云：“吃茶去。”⑯

注释

①**赵州和尚：**即赵州全谂禅师（《景德传灯录》《宋高僧传》《五灯会元》均作“从谂”），生于唐代宗大历

十三年（公元七七八年），卒于唐昭宗乾宁四年（公元八九七年），南泉普愿弟子。他是唐代极负盛名的禅师，后世流传他的语录甚多，如“狗子有佛性也无”“庭前柏树子”，但他的门下却没有出色的弟子，因而他的宗风在禅宗史上反而不如其他禅师兴盛。

②**北地**：泛指今河北一带，赵州从谂主要是在赵州（今河北赵县）传授禅法，《宋高僧传》卷十一说他：“于赵郡开物化迷，大行禅道。”

③**青社缁丘**：《宋高僧传》卷十一作“青州临淄”，在今山东淄博；《景德传灯录》卷十、《五灯会元》卷四说赵州从谂是“曹州郝乡人”，则在今山东曹县。

④**平常心是道**：是南泉普愿禅师提出的一个极有意义的命题，意思是不思善恶，不论是非，吃饭吃茶，平常坦然，这种恬和自然之心便是“道”的境界。在马祖门下的诸禅师非常强调依顺自然，像大珠慧海所说的“饥来吃饭，困来即眠”，长沙景岑所说的“热即取凉，寒即向火”。后来发展起来的临济、沩仰二宗更大力提倡一种自然随意的宗风，如《镇州临济慧照禅师语录》中就说：“佛法无用功处，只是平常无事，屙屎送尿，穿衣吃饭，困来即卧。”《沩山灵祐禅师语录》也说：“一切时中，视听寻常，更无委曲，亦不闭眼塞耳，但情不附物即得……唤他作道人，亦名无事人。”这就凸现了洪州禅

“起心动念，弹指动目，所作所为，皆是佛性”的随心适意的特点。

⑤**趣向：**是指说明意向，赵州希望南泉把“平常心是道”说得明白些，所以问他是否可以进一步说明意向何在。

⑥“拟”在禅话中也是比喻说明的意思，禅宗认为，最深奥精微的禅意是不可以用语言文字表达的，《景德传灯录》卷五记南岳怀让初参六祖时，六祖问：“什么物恁么来？”怀让说：“说似一物即不中。”和这句“拟则乖”的意思相似。

⑦这几句讲“道”超越知识，不可思议，就像“太虚”一样既是“空”又是“有”，不能用是非来评判说解。

⑧毳指用鸟毛织成的僧服；筇指竹杖。

⑨这段话的意思是有意做佛者费心费力，恰恰违背了“本性清净，自心是佛”的禅家旨意，而不去费心费力追求做佛者，却因为他恰合“平常心是道”的禅家宗风，反而可以成佛作祖。

⑩本分事即应做的分内事。问话者一心以为参禅悟道者另有“本分事”，所以有此一问，赵州从谂则相信自然适意即为自家分内事，所以说你有你本分事，我有我本分事。

⑪佛向上事即一心修持、参禅悟道等佛家争取解脱

之事。问话者不能悟到赵州的话中之意，所以又一次追问“本分事”，并干脆点明问的乃是“佛向上事”。赵州恪守“平常心是道”，认定“佛是烦恼，烦恼是佛”（参见《五灯会元》卷四），并不认为在人自然本心之外别有什么“佛向上事”。

所以当问话者说到“佛向上事”时，干脆以“我在你脚底”五字来讽刺一心“向上”却不知随顺自然本心的人，仿佛揠苗助长一样，以为在“向上”却恰恰不知“佛向上事”就在自家心头。一说“不知佛向上事”乃是纯朴自然境界，不曾受到污染，所以赵州从谂认为自己都在他脚底下。

⑫赵州“柏树子”是一则很著名的公案，但大多是指下一则“亭前柏树子”，而这一则却在各种灯录中都没有。这则问答的主旨是谈“佛性”，佛教中尤其是天台宗湛然一系认为，万事万物，即使是土木瓦石也有“佛性”，所以说，“真如是万法”“万法是真如”（见《金刚錍》）。

但赵州从谂的意思却略有不同，他先承认柏树子也有“佛性”，但又以绝不可能的“虚空落地”说明柏树子不能成佛，也许还包括了强调人的自然本性与自觉意识的内涵。比起湛然的说法来更具有积极意义，赵州从谂还有一则公案也可以用来参证他的“佛性”思想，《五灯会元》卷四：“问：‘狗子还有佛性也无？’师曰：‘无。’

曰：‘上至诸佛，下至蝼蚁，皆有佛性，狗子为甚么却无？’师曰：‘为伊有业识在。’”无论说柏树子“有”佛性，还是说狗子“无”佛性，赵州的意旨都不在佛性有无，而在于暗示自然心性之外的自觉意识的有无，狗子有业识则无佛性，柏树子无人的自觉意识而不能成佛，意思完全一样。

⑬将境示人是指以语言描述具体境、像来向人表达旨意。佛教认为深奥玄妙的意蕴如“祖师西来意”是不可以用具体境、像或语言表达的，所以问话者说“和尚莫将境示人”。但赵州的“亭前柏树子”却不是表达“祖师西来意”的境、像或语言，只是表现自己目前所见的寻常话语，所以赵州说他并未“将境示人”。

⑭**镇州大王：**似指镇州留后王镕，王镕曾封赵王，传见《旧唐书》卷一四二，镇州在今河北正定，距赵州很近，据《景德传灯录》卷十、《五灯会元》卷四，这里所说的“镇州大王”乃“真（正）定帅王公”。《宋高僧传》卷十一记载“以真定帅王氏阻兵，封疆多梗，朝廷患之，王氏抗拒过制，而偏归心于（从）谂”，则此处“镇州大王”似即镇州藩帅王镕，参见《新唐书》卷二一一。

⑮**《心经》：**即《般若波罗蜜多心经》，唐玄奘译，一卷。

⑯赵州“吃茶去”也是一则有名的公案，《五灯会

元》卷七记人问雪峰义存："古人道，路逢达道人，不将语默对，未审将甚么对？"雪峰云："吃茶去。"又宋黄龙慧南有"赵州吃茶"一偈说："相逢相问知来历，不拣亲疏便与茶。翻忆憧憧往来者，忙忙谁辩满瓯花。"又清湛愚老人《心灯录》云："赵州'吃茶去'三字，真直截，真痛快。"但这则公案意思是什么，却不太清楚，大概是叫人依从"平常心"，遇茶吃茶，莫作奇特想，不必东走西撞，觅佛觅祖。

译文

赵州和尚是南泉普愿禅师的弟子，在河北一带，法名全谂，是青州淄博人。他少年时在本州龙兴寺出家，在嵩山琉璃坛受具足戒。他不沉湎于对经典戒律的研习，而是到处游学访问，但自从到了南泉门下后，就不再离开了。

全谂问："什么是'道'？"

南泉普愿禅师说："平常心就是'道'。"

全谂问："能不能进一步说明它？"

南泉说："再说明就不对了。"

全谂追问："如果不说明，又怎么知道它是不是'道'？"

南泉答："'道'不属于理智上的知或不知，'知'实际上是虚妄的知觉，'不知'则是非善非恶的无记性，如果真能达到不可思议不可言说的'道'的境界，这境界就好比太虚，空廓无垠，这境界又怎能以是非知觉来比拟？"

全谂于是顿悟禅机，心灵豁然透亮，从此逍遥飘洒，自然适意，常常穿僧衣持拄杖，周游于四方。

有僧问："我等若想成佛时会怎么样？"

全谂说："费心力。"

僧又问："若不费心力又会怎么样呢？"

全谂说："成佛了。"

僧人问："什么是我分内的事？"

全谂指着他说："是你分内的事。"

僧人问："那什么是和尚你分内的事？"

全谂说："是我分内的事。"

又问："那么什么是佛陀向上的途径？"

全谂说："我在你脚底下。"

这僧人大惑不解地又问："大师，你为什么在我的脚底下？"

全谂说："因为你不知道有佛陀向上的途径。"

僧人问："柏树子有没有佛性？"

全谂说："有。"

僧人便问："那么它什么时候成佛？"

全谂答："等虚空落地时。"

僧人又问："虚空又几时才落地呢？"

全谂说："等柏树子成佛。"

有僧人问："什么是祖师西来意？"

全谂答道："亭前柏树子。"

僧人说："和尚你不要用言说譬喻来回答。"

全谂道："我不用言说譬喻来回答。"

于是僧人又问："什么是祖师西来意？"

全谂还是说："亭前柏树子。"

镇州藩帅王镕请全谂上禅堂，全谂一登上禅榻就开始念经，有人问："请和尚上禅堂，和尚为什么念经？"

全谂反问："佛家弟子难道念不得经吗？"

又一次，全谂上禅堂念《心经》，有人说："念经做什么？"

全谂说："亏得你说是在念经，不然，我早就忘了这些话是经文。"

一次全谂问一个僧人："你曾到过这里吗？"

答道："到过。"

全谂说："吃茶去。"

他又问一个僧人："你曾到过这里吗？"

答道："没有。"

全谂又说:“吃茶去。”

他再问一个僧人:“你曾到过这里吗?”

这个僧人反问:“你问这个做什么?”

全谂仍然说:“吃茶去。”

28　仰山和尚

原典

仰山和尚[①]嗣沩山，在怀化[②]，师讳慧寂，俗姓叶，韶州怀化[③]人也。

每日上堂，谓众云："汝等诸人，各自回光返顾[④]，莫记吾语。吾愍汝无始旷劫[⑤]来背明投暗，逐妄根深，卒难顿拔，所以假设方便[⑥]，夺汝诸人尘劫来粗识[⑦]，如将黄叶止啼[⑧]，亦如人将百种货物，杂浑金宝，一铺货卖，只拟轻重来机。所以道：石头是真金铺，我者里是杂货铺，有人来觅杂货铺，则我亦拈他与，来觅真金，我亦与他。[⑨]"

时有人问："杂货铺则不问，请和尚真金。"

师云："啮镞拟开口[⑩]，驴年[⑪]亦不会。"僧无对。

又云："索唤则有，交易则无。[12]所以我若说禅宗旨，身边觅一人相伴亦无，说甚么五百七百[13]。我若东说西说，则竞头向前采拾，如将空拳诱诳小儿[14]，都无实处。我今分明向汝说圣边事，且莫将心凑泊，但向身前义海如实而修[15]，不要三明六通，此是圣末边事[16]。如今且要识心达本，但得其本，不愁其末，他时后日自具足去在。若未得其本，纵饶将情学他亦不得。汝何不见沩山和尚云：'凡圣情尽，体露真心，常住理事不二，即是如如佛矣。'[17]珍重！"

注释

①**仰山和尚：**即仰山慧寂，生于唐宪宗元和二年（公元八〇七年），卒于唐僖宗中和三年（公元八八三年），沩山灵祐弟子，沩仰宗开创人之一，善以各种手势圆相启悟学者，世称"仰山门风"。

②仰山曾住王莽山、东平、仰山等地，其中最主要的应是袁州仰山（今江西宜春），这里说"怀化"，疑有误。

③**韶州怀化：**在今广东番禺东南，《祖堂集》《景德传灯录》《五灯会元》均说仰山慧寂是韶州怀化人，但《宋高僧传》卷十二说他是"韶州浈昌人"，浈昌在今广东南

雄西南。

④**回光返顾：**指返身向内，在自心寻觅，所以仰山要学参禅者不要记他所说的话。这是许多禅师都说过的，如《景德传灯录》卷十六记雪峰义存说："吾若东道西道，汝则寻句逐句，吾若羚羊挂角，汝向什么处扪摸？"《五灯会元》卷十五记云门文偃说："一般掠虚汉，食人涎唾，记得一堆一担骨董，到处驰骋。"这些都是"不立文字"的意思。

⑤**无始旷劫：**指生死流转时间久远，佛教认为人在生死中不断循环辗转，无有止境。仰山慧寂这里的意思是人与生俱来就具有无明，不识佛法，贪着嗜欲，所以是背离光明，投向暗昧，追逐虚妄，根深蒂固，很难顿悟佛法，超越苦海。

⑥**方便：**系梵文 Upāya 的意译，指权宜使用的灵活变通方法。仰山慧寂这里是说，禅宗旨意本来不可言说，只能返归本心领悟，但你们从出生以来一直背明投暗，妄心坚固，所以我这里采用了灵活变通的方法为大众言说。

⑦**尘劫来粗识：**即人与生俱来的无明，仰山用"夺"一字表示要为大众之心涤去污垢，扫除尘埃。

⑧**黄叶止啼：**出自《涅槃经》卷二十，说婴儿哭时父母用杨树黄叶哄他说是钱，婴儿以为是金钱便止啼不

哭。这个故事本指佛陀以天上乐果劝阻人间众恶，在这里仰山慧寂用来比喻“假设方便”乃权宜之计，真正境界尚须自心自悟。《从容庵录》第七则颂“黄叶止啼”时有两句诗：“痴儿刻意止啼钱，良驷追风顾影鞭”，正是这一意思。

⑨这段用“杂货铺”比喻仰山说禅，以“真金铺”比喻石头希迁一派说禅。“真金铺”中处处是金宝，买者不问要否，卖者一律给以真金，这是说石头一派把禅意佛法说得透彻，毫无保留，全交与学者。“杂货铺”则金宝与杂物兼有，须买者识货才能买得真金，这是说仰山这里学禅者莫要指望铺主指点，轻松便宜，须要参究自心，否则可能买了杂货，丢掉真金。

⑩一面咬着箭镞，一面又要开口，咬着箭镞则不能开口，开口就不能咬着箭镞。仰山用这个两难境地讽刺开口问和尚真金的人，意思是真正禅法不能伸手向外人讨，不能开口向和尚要，若是如此，永远也不能领悟禅的真谛。

⑪**驴年：**意思是不可能、无限期，因为以十二属称年之中，有龙、蛇、兔、马、牛等等，却没有驴年。

⑫这两句在《景德传灯录》卷十一、《五灯会元》卷九中，均作“索唤则有交易，不索唤则无我”，意思不太显明，其实此话是说到铺中直截了当开口索取，能直取

真金，若只是来求购其物，则得不到真金。比喻领悟禅旨须单刀直入，不可言来语去。

⑬这句话是说，若仰山真的讲禅，则无一人领会，更不用提起这五七百众。

⑭“空拳”语出自《宝积经》卷九十：“如以空拳诱小儿，示言有物令欢喜。开手拳空无所见，小儿于此复号啼。”《智度论》卷二十也有“空拳诳小儿，以度于一切”。意思与前面“黄叶”相似，所以禅宗常有“空拳黄叶为止小儿啼”的话，用来比喻方便权宜的说法度人，因此《宝积经》说：“了知法性无所有，假名安立示世间。”

⑮圣边事是指接近真谛的义理言说事实；凑泊是凝聚、结团之意；义海，《景德传灯录》《五灯会元》均作“性海”。这句意思是劝诫听众不要因为自己所讲而凝心钻研这些话语，而应当如实修证自己的心灵，使自己的心灵摆脱语言义理的束缚，与实际人生打成一片。

⑯三明六通，指宿命明、天眼明、漏尽明，以及天眼通、天耳通、他心通、宿命通、神足通、漏尽通，《观无量寿经》说这是阿罗汉所具备的禀赋。据《智度论》卷二说，“通”是直知过去宿命、直知死此生彼、直尽结使不知更生不生的直觉领悟力；“明”是知过去因缘行业、知行因缘际会不失、知漏尽更不复生的思索理解

力。但是仰山却认为这只是次等的、不重要的“圣末边事”。

⑰《大乘开心显性顿悟真宗论》中集荷泽神会语，也有“凡圣无异，境智无二，理事俱融，染净一如，如理真照，无非是道”的话，这是从菩提达磨《二入四行论》“无自无他，凡圣等一”等思想中发展起来的。“凡圣情尽”“理事不二”都是指在内心中消除了“凡俗”“圣洁”的分别和“理”与“事”的对立，达到了圆融无差别境界。“体露真心”指消泯了对峙和分别之后，自我本心的凸现。仰山引述沩山的这段话，无非要说明“自心即佛”的旨意。

译文

仰山和尚是沩山灵祐禅师的弟子，在怀化，法名慧寂，本姓叶，是韶州怀化人。

仰山慧寂每日上禅堂，都对大众说：“你们大家，各自眼睛向内，返观心灵，不要总是记诵我的话。我是怜悯你们有生以来一直沉沦在黑暗之中，心里的妄念贪欲根深蒂固，一时难以彻底解脱，所以用了些权宜的办法设了些方便的门路，清除你们与生俱来的错谬想法，这就好像用黄叶当铜钱哄小孩不要哭一样；又好比人开了家杂货铺，把各种货物，真金宝贝杂乱物事在一齐出售，只看你来买什么。所以说，石头那里是只卖真金的铺子，我这里是方便的杂货铺子，有人来买杂货，我卖给他，有人来买真金，我也卖给他。”

当时有人问道：“我不问这是什么杂货铺不杂货铺，只请和尚把真金卖与我。”

慧寂讽刺道：“口咬着箭镞来说话，你到驴年也不能领会真谛！”这僧人哑口无言。

慧寂又说：“直截索取则这铺中有真金，啰唆贸易则这铺中只有杂物。我如果真的解说禅宗宗旨，身边怕找一个陪伴的人也找不到，更别说这五七百人了。可我如果东说西说杂说，则一个个都伸了脖子来这里东寻西找乱摸。其实这就像捏了个空拳头哄小孩一样，里边什么也没有。我如今明白地给你们说一说要紧的事吧，你们不要用心灵来体会我的言语，而要用心灵去领悟自身的安身立命处，这才是修到了实处，不要追求什么三明六通，那只是次要的事情。如今你们应当识心灵，知根本，只要抓住了根本，就一切不愁，今后自然会一切具足。如果没有抓住根本，即使用尽心机去学也没有用。你们听听看沩山大师的话：‘对世俗、圣贤执着的情识放下后，显露出你自然质朴的真性，常处于事与理融汇一片的境界，便是如实自在的佛啊！’望各自珍重。”

29　临济和尚

原典

临济和尚[①]嗣黄檗[②]，在镇州[③]，师讳义玄，姓刑[④]，曹南[⑤]人也。

师有时谓众云："山僧分明向你道，五阴身田[⑥]内有无位真人[⑦]，堂堂露现，无毫发许间隔，何不识取？"

时有僧问："如何是无位真人？"

师便打之，云："无位真人是什么不净之物？"

黄檗和尚告众曰："余昔时同参大寂道友，名曰大愚[⑧]，此人诸方行脚，法眼明彻，今在高安，愿不好群居，独栖山舍。与余相别时叮嘱云：'他后或逢灵利者，指一人来相访。'"

于时师在众，闻已便往造谒。既到其所，具陈上说，至夜，于大愚前说《瑜伽论》[9]，谭唯识，复申问难，大愚毕夕峭然不对，及至旦，来谓师曰："老僧独居山舍，念子远来，且延一宿，何故夜间于吾前无羞惭，放不净？"言讫杖之数下，推出，关却门。

师回黄檗，复陈上说，黄檗闻已，稽首曰："作者如猛火燃[10]，喜子遇人，何乃虚往。"

师又复去见大愚，大愚曰："前时无惭愧，今日何故又来？"言讫便棒，推出门。

师复返黄檗，启闻和尚："此回再返不是空归。"

黄檗曰："何故如此？"

师曰："于一棒下入佛境界[11]，假使百劫粉骨碎身，顶擎绕须弥山，经无量匝，报此深恩，莫可酬得。"[12]

黄檗闻已，喜之异常，曰："子且解歇，更自出身[13]。"

师过旬日，又辞黄檗至大愚所，大愚才见便拟棒师，师接得棒子，则便抱倒大愚，乃就其背，殴之数拳，大愚遂连点头，曰："吾独居山舍，将谓空过一生，不期今日却得一子。"

先招庆和尚[14]举终，乃问师演侍者曰："既因他得悟，何以却将拳打他？"

侍者曰："当时教化全因佛，今日威拳总属君。"

师因此侍奉大愚，经十余年，大愚临迁化时嘱师云：“子自不负平生，又乃终吾一世。已后出世传心，第一莫忘黄檗。”

自后师于镇府匡化，虽承黄檗，常赞大愚，至于化门，多行喝棒。

有时谓众云：“但一切时中，更莫间断。触目皆是因，何不会？只为情生智隔，想变体殊，所以三界轮回，受种种苦。⑮大德！心法无形，通贯十方，在眼曰见，在耳曰闻，在手执捉，在脚云奔。本是一精明，分成六和合。心若不生，随处解脱。⑯

“大德！欲得山僧见处，坐断报化佛⑰头，十地满心，犹如客作儿⑱。何以如此？盖为不达三祇劫空，所以有此障。⑲若是真正道流，尽不如此。大德！山僧略为诸人大约话破纲宗，切须自看。可惜时光，各自努力。”

注释

①**临济和尚：**即临济义玄禅师，生年不详，卒于唐懿宗咸通七年（公元八六六年），又延沼《塔记》作咸通八年（即公元八六七年），黄檗希运弟子。曾先后参谒大愚、灵祐，在黄檗希运处参悟后北归故里，唐宣宗大中八年（公元八五四年）到镇州建临济院，遂创立禅宗五家中影响最大最久远的临济宗。

②**黄檗**：即黄檗希运禅师，百丈怀海弟子，住黄檗山（今江西宜丰西北），深受相国裴休尊崇，唐宣宗大中年间（公元八四七—八五九年）卒，敕谥“断际禅师”，著有《黄檗山断际禅师传心法要》。传见《祖堂集》卷十六、《宋高僧传》卷二十、《景德传灯录》卷九。

③**镇州**：在今河北正定，临济义玄所建临济院即在正定城东南滹沱河畔。

④**刑**：即邢。

⑤**曹南**：《景德传灯录》《宋高僧传》等均作“曹州南华”，即今山东东明。

⑥**五阴身田**：即指人的身体，佛教认为人是由色、受、想、行、识等五阴暂时和合而成的，唯有假名，而无实体。“阴”又作“蕴”，梵文 Skandha，意为积聚和合。

⑦**无位真人**：指不堕四十二位、五十二位等阶级，超越了凡圣、迷悟、贵贱、上下，无有束缚，真正解脱的心灵。《镇州临济慧照禅师语录》中有一段话说得很清楚：“赤肉团（指人身）上有一个无位真人（指人心），常从汝等诸人面门前出入。”

⑧**大愚**：即高安大愚禅师，是归宗智常弟子。《景德传灯录》《五灯会元》均有名无录，事迹不详，依世次为马祖道一再传弟子，与黄檗希运年辈相当。

⑨**《瑜伽论》**：即《瑜伽师地论》（*Yogācāra-bhūmi-*

śāstra），玄奘译，一百卷，唯识学派重要经典之一，讲“万法唯识”哲理及修行瑜伽禅观果位。

⑩作者指大愚，猛火燃指大愚教学方式峻猛严厉。

⑪后来临济宗亦盛行“棒喝”方式，意在把参究者逼到绝境，令其左右为难，进退维谷，然后当头棒喝，使之惊悸之下豁然大悟禅的境界。

⑫这句的意思是临济义玄自感受大愚启悟之恩，认为即使粉身碎骨，顶戴大愚绕须弥山无数周，也无以报答大恩。顶擎，顶戴的意思。须弥山，佛教传说中世界中心的高山，据说山在海中，入水八万由旬，出水八万由旬（一由旬等于四十里，一说十六里，一说三十里），山顶即帝释天所居，山腰为四天王天所居，周围有七香海、七金山环绕，最外面又有铁围山所环抱的咸海。匝，周遭。

⑬禅家说“出身”犹如说“悟入”，即超越尘凡之意。

⑭**先招庆和尚：**疑为长庆慧棱禅师，他于天祐三年（公元九〇六年）应泉州刺史之邀住招庆寺，门下有演侍者（见《五灯会元》卷七），著名的招庆道匡禅师是他的弟子，所以这里称他为“先招庆和尚”。

⑮情出自无明妄识，情生则蔽隔本心智慧，想是妄心所生，想变则使心体迷误。众生因有情有想，所以流转三界之中不能成佛，受种种苦难。三界轮，指人在欲

界、色界、无色界不断辗转轮回的过程如车轮转动，周而复始。

⑯六和合指眼与色、耳与声、鼻与香、舌与味、身与触、意与法等六根与六尘和合，从而生出“六识”。佛教认为，从“无漏清净真如”可能生出“有漏”，即是从“一心”生“六识”，于是流转生死，堕入苦海，若是摒尽“六识”，收归“一心”，则是超凡入圣，到无漏境界，所以这里说:“心若不生，随处解脱。”这段话头大约是学他的老师黄檗希运的，在黄檗的《传心法要》卷上中即说道：“同是一精明，分为六和合。一精明者一心也，六和合者六根也……若了十八界无所有，束六和合为一精明，一精明者即心也。学道人皆知此，但不能免作一精明六和合解，遂被法缚，不契本心。”

⑰报化佛指应化佛菩提、报佛菩提。应化佛指于应现身之处随即示现的初得无上菩提之佛相；报佛则是已得十地圆满真常涅槃的佛相，应化佛、报佛与法佛合称“三佛菩提”。此处临济义玄是告诫听众：若欲得到临济印可，须超越应、报佛，直入如来藏性本来清净的“法佛菩提”境界。

⑱十地，梵文 Daśabhūmi 的意译，指佛教修行的十个阶位，据称这十地修行的内容分别对应施、戒、忍、精进、静虑、般若、方便善巧、愿、力、智等“十波罗

蜜”，能“对治十障，证十真如”。但禅宗南宗则否定这种烦琐复杂的修行方式，要求“直指本心”的“顿悟”，所以临济义玄说即使是“十地满心”，也好像是帮忙的佣工一样，总不是自家的人。客作儿即佣工。

⑲三祇劫是修成菩萨的年数，依《俱舍论》卷十八，菩萨修行六度要经过三劫，也就是说要修行“布施”“持戒”“忍”“精进”“定”“智慧”等达三劫之久（劫为时间单位，佛教对“劫”说法各异，此处从略，总之意为极其漫长的时间）。但禅宗则认为“一悟即悟”，无须如此修持，所以临济义玄说“三祇劫”是“空”，若不理解，即堕入此障中不得解脱。

译文

临济和尚是黄檗希运禅师的弟子，在镇州，法名义玄，本姓邢，是曹南人。

义玄有时告诉大众：“我明明白白地向你们说，五阴和合的人身体内，有一个‘无位真人’，常常显现在你们面前，和自身没有一丝一毫阻隔，你们为什么不去寻觅它？”

当时有个僧人问：“什么是无位真人？”

义玄便打他，并说道：“无位真人是什么不干净的东西？”

黄檗希运禅师曾对大众说：“过去和我一道参拜马祖道一大师的，有一位道友叫大愚，这个人四处行走游学，他智慧与悟性都很高，现在在高安，他不喜欢和人一起居住，所以一个人隐居在山林里。他和我分手时曾叮嘱我：‘日后若有聪明伶俐的人，你替我找一个来。’”

当时义玄正在黄檗门下，听了这话便去参拜大愚。到了那里，把黄檗的话告诉了大愚，夜里，他又到大愚面前去讲《瑜伽论》、谈唯识学，并一再提出问题，可是大愚一晚上都默不作声，等到天亮，便来告诉义玄：“我独自住在山间茅舍，看你远来，姑且让你住一晚，为什么你昨夜里不知好歹在我面前放臭气？”说完拿拄杖给了义玄几下，把他推出门去，紧紧地关上了门。

义玄回到黄檗，把情况向黄檗希运一说，黄檗希运听完便礼拜，说：“大愚真是有一套严峻如火的方法啊！我庆幸你找到了好老师，你不虚此行！”

义玄便又去见大愚，大愚看见他就说：“上次你不知羞愧，这次为什么又来了？”说完便拿拄杖打，又推他出了门。

义玄回到黄檗，向黄檗说：“这回可不是空手而归了！”

黄檗希运便问：“你为什么这样说？”

义玄说道：“我在这一棒之下便悟入佛的境界，所以即使粉身碎骨千万年，顶戴大愚绕须弥山无数圈，也不能报他的大恩。”

黄檗希运听了非常高兴，说：“你先歇息，还须再次请益大愚。”

十天后，义玄又离开黄檗到了大愚那里，大愚一见就要用拄杖打他，他接过拄杖，便把大愚抱倒在地，在大愚背上猛打几拳，大愚连连点头，说：“我独住山舍，以为我将要虚度此生，不想今天却收到一个好弟子。”

后来先招庆和尚曾以这个事情考问演侍者：“既然从他那里领悟禅旨，为什么义玄还要打大愚？”

演侍者答道：“当时教化全由于佛旨，但今天以威拳接引大众，则是大愚的独创发明，义玄打大愚，表示直下承担大愚的教法。”

义玄从此侍奉大愚，十几年后，大愚临终前叮嘱义玄：“你虽不负平生所学，又陪伴了我多年，但以后出世传授禅旨，第一要紧的是不要忘记黄檗。”

以后，义玄在镇州一带化度众生，虽师承黄檗希运，但仍不时赞颂大愚，在教学启迪上，也常常用棒喝的方法。

有时义玄对大众说：“只要任何时候都不间断地参悟就行，眼前处处是参悟禅意的机缘，为什么人却不领悟？只因为心里情欲滋生，智慧路断，思想变乱，心体便不再清朗，因而在三界的轮转中受种种苦。大德！心法是没有形体的，它通贯十方，在眼睛里是视觉，在耳朵中是听觉，在手上便是执捉之力，在脚下便是飞奔之力。它本是一体精明，却分成六种知觉，心中若是一切皆空，那么处处皆是解脱之处。

“大德！要想得到我的印证，应当超越佛祖，把满心的十地之类视作帮忙的佣工。为什么？因为人不懂长久修证是虚妄，所以常被这些东西迷惑。如果是个真正的悟道者，却不会如此。大德！我大略地给你们点破了一个门径，指示了一个要旨，这一定要靠你们自己领悟。时光宝贵，望各自努力！”

源
流

禅宗为自己的师承宗脉作传由来已久，这些史传撰述的目的，首先自然是确定传法的正统所在，其次则是为自身的历史“立此存照”。《祖堂集》也不例外，它记述的主要就是“西天二十八祖”“东土六祖”，尤其是惠能以下南宗禅“青原”（行思、希迁）、“南岳”（怀让、道一）两大支脉的历史。

要说起《祖堂集》的“源”，就不免要提到几种比它更早的禅宗史书。现在发现的最古老的禅宗史书中最早的是北宗的两部：

一部是《传法宝纪》，这是二十世纪初在敦煌发现的，它的作者是“京兆杜朏字方明”，据考证，他就是李邕《大照禅师塔铭》、严挺之《大智禅师碑铭》（分见《全唐文》卷二六二、二八〇）所记载的“东都大福先寺朏法师”。杜朏是北宗弟子，这部书大约撰成于开元初年（公元七一三年前后），记载了菩提达磨、慧可、僧璨、道信、弘忍、法如、神秀七人的生平事迹，并以这七人为禅宗正脉，这当然反映了北宗的观点。

另一部是《楞伽师资记》，这也是在敦煌发现的，它的作者净觉就是王维《大唐大安国寺故大德净觉禅师碑铭》（见《全唐文》卷三二七）中记述的这个北宗禅师。《楞伽师资记》成书于先天二年至开元四年之间（公元七一三—七一六年），它以求那跋陀罗、菩提达磨、慧可、僧璨、道信、弘忍、神秀、玄赜、慧安、普寂、敬贤、义福、惠福八代十三人为正脉一一记载，当然也反映了北宗的观点，只是和《传法宝纪》略有不同。

《传法宝纪》和《楞伽师资记》之外，敦煌还发现了一部反映禅宗保唐宗观点的《历代法宝记》。这部书是保唐寺无住禅师圆寂（公元七七四年）后由他弟子编集的，这部书首列迦叶至达磨二十九祖传承次第，然后详细记载了达磨、慧可、僧璨、道信、弘忍、惠能六代祖师，接着再详载保唐宗智诜、处寂、无相、无住等人的行迹。

以上三部敦煌发现的禅宗史书，虽详略不同，脉络差异，分属北宗、保唐宗，但可以看出，以师承为纲，用史传（记生平）、行录（记言行）结合的形式写禅史的书籍已经早具规模了，难怪日本学者干脆就把它们称作“灯史”（见椎名宏雄氏所撰《禅宗灯史的成立与发展》，载《讲座敦煌》八，大东出版社）。

那么，南宗禅在《祖堂集》之前有没有记载禅宗历史的“灯史”呢？有的，虽然它们大多数已经亡佚，但还是保存下来了一部，这就是唐代智炬所撰的《宝林传》。

《宝林传》大约成书于中唐德宗贞元末年（约九世纪初），现存卷一至卷六及卷八分别是二十世纪三十年代在日本及中国山西赵城广胜寺发现的。这部书记载的是释迦牟尼佛、西天二十八祖及东土诸祖的传法谱系，《景德传灯录》卷二十九载僧润《因览宝林传》诗说：

祖月禅风集宝林，二千余载道堪寻。
虽分西国与东国，不隔人心到佛心。
迦叶最初传去盛，惠能末后得来深。
览期顿悟超凡众，嗟彼常迷古与今。

其中“迦叶最初传去盛，惠能末后得来深”两句正好概括《宝林传》的内容，就是说现存的残本虽然缺了七、九、十卷，但可以肯定全书是从佛陀释迦牟尼一直记到南宗禅开创者惠能，并用以证明“二千余载道堪寻”，祖灯不绝到宝林的。

以上四部禅宗史书都成书较早，它们形式体制的逐渐定型成熟，给《祖堂集》的修撰奠定了基础，尤其是《宝林传》——《祖堂集》的撰写者是参考过《宝林传》的，在卷二第二十六祖不如密多尊者传中有“具如《宝林传》也”六字可以为证——《祖堂集》不仅采用了它的文字，袭用了它的体制，也沿用了西天二十八祖、东土六祖的谱系，构筑了《祖堂集》的禅宗早期史。

但是，在《宝林传》之后，还有人续写南宗禅发展的灯史，《宋高僧传》卷十七、《景德传灯录》卷十九，都记载宝闻大师惟劲在梁开平年间（公元九〇七—九一一年）撰有《续宝林传》四卷，“纪贞元之后禅门继踵之源流”，可惜的是它没有流传下来，现存最早的南宗禅灯史，就是《祖堂集》了。当然，它比《续宝林传》晚出，但是它的内容却囊括了《宝林传》与《续宝林传》，从释迦佛祖一直写到了唐末五代的南宗禅，也许它也参考过《续宝林传》，不过没有直接证据，而且关于惠能以后禅宗史迹的记载，似乎另外参考了大量碑志行录，直接钞撮《续宝林传》的可能并不很大。

南唐保大十年（公元九五二年），泉州招庆寺的静、筠二禅师编写了这部《祖堂集》，可是，这部《祖堂集》却并没有发生很大影响。从彼此的差异来看，现存较早的南宗禅灯史似乎并没有参考过《祖堂集》，据日本学者考证，就是在北宋，也只有寥寥几部著作，如佛日契嵩

（公元一〇〇七——〇七二年）《夹注辅教篇》、张方平（公元一〇〇七——〇九一年）《禅源通录序》以及同时代的四明知礼《十不二门指要钞》卷上、石芝宗晓《四明尊者教行录》卷四引知礼《致天童凝禅师书》等十一世纪的作品提到过它，此后近千年间，它湮没无闻，在中国逐渐失踪了。

二十世纪初，日本佛学界逐渐对佛教新文献发生兴趣，为了重编《大藏经》，他们对朝鲜庆尚南道伽耶山海印寺所藏的《高丽藏经》经版进行了细致的调查。在调查中，小野玄妙意外地发现了这部无论在中国还是在日本都几乎不曾知晓的禅宗史籍。它可能是由在中国留学的高丽禅师携回本国的，高丽禅师也许在其中略做了一些增益（因为其中所记高丽禅师令人惊异地多），此后作为《高丽大藏经》的附录，于高丽高宗三十二年（公元一二四五年），也就是中国南宋淳祐五年刊刻出来，这才得以保存至今，而在日本学者发现并公布于世之后，它才得以为世人所知，千载失传的禅宗古史籍终于重新问世。

解说

从解脱到超越——南宗禅的理路

宗教史上有许多意义重大的变化仍值得后人细细考究，因为它的影响并不仅仅在宗教自身，而且扩展及人类生活，这就仿佛水塘中的涟漪，初时虽或偏在一隅或只小小一处，波纹四散，便漫及全池。在中国，印度禅学向中国禅宗的演进便是如此。“禅”之一字内涵的变迁虽只属佛门中事，但其影响的波及面却关涉到中国人的立身、行事、语言、思维等诸多方面，而这一变迁的轨迹正体现在南宗禅的历史中。《祖堂集》是南宗禅现存最早的史书，于是，我们不妨从《祖堂集》中去看一看佛教史上的这一变局，理一理南宗禅思想上的这一理路。

若追根溯源，依禅宗灯录，恐怕又要从西土二十八祖来说，但西土二十八祖之说实在渺远，据唐代圭峰宗密《圆觉经大疏钞》卷三之下说，这种二十八祖以心传心的说法出自“西域贤圣所集”的《付法藏传》四卷本[①]，但这并不可信。中唐之际除“二十八祖”说外，尚有“二十九祖”[②]说、“二十五祖”[③]说、“二十四祖”[④]说，可见直至中唐仍没有一部权威的西域贤圣著述为定论的依据，二十八祖只是其中一种传说，由于《宝林传》及宗密的弘扬才逐渐成了南宗禅的定论，因此这里不必管它。

不过，“禅”之一门确实来自天竺，据《瑜伽经》说，古印度有瑜伽修行八支为精神锻炼之法，其七即是“由制五根，专注一境”的禅定功夫，通过这种凝心入定的方法克制欲念，经过四禅阶段，便可达到了悟生死的涅槃境界。[⑤]

菩提达磨祖师来华传授的也正是天竺这一瑜伽禅法，只是同时他凭《楞伽经》开方便门，一方面据《楞伽经》卷二“如来藏自性清净”说“深信含生同一真性”；另一方面据《楞伽经》卷四“虽自性清净，客尘所覆故，犹见不净”指出人心“为客尘妄想所覆不能显了”，因而在其《二入四行论》中提出了“理入”与“行入”两种途径，叫人“借教悟宗”，从澄观静虑、止息杂念的理路，或从

“忍辱”（甘心忍受，都无怨言）、“随缘”（得失从缘，心无增减）、“无所求”（于诸有，息想无求）、“称法”（达解三空，不倚不着）等行路，去求得精神的解脱。[⑥]

这样，菩提达磨便给中国禅奠定了解脱论的基础理路，这一理路用现代话语来说，即人人都有一个清净无垢的心灵，但它被外在客尘所污染而不明，只要恢复它的澄澈灵明，人就能再度拥有这个清净无垢的心灵，从而得到解脱，而恢复它澄澈灵明本质的途径即“解脱之道”，便是坐禅凝心，或从理性入手反思，或从直觉切入醒悟，当然还可以念佛、苦行等等。

这一理路在慧可、僧璨、道信、弘忍甚至北宗的神秀、普寂那里都没有根本的改变，二祖慧可称“本迷摩尼谓瓦砾，豁然自觉是真珠”[⑦]，四祖道信称“常忆念佛，攀缘不起，则泯灭无相，平等不二……如是等心，要令清净，常现在前，一切诸缘不能干乱”[⑧]，五祖弘忍说“自心本来清净……众生身中有金刚佛性……只为五阴黑云之所覆，但能凝守此心，妄念不生，涅槃法自然显现”[⑨]，大体上都是认为人心本来如镜，清净明彻，但被五阴等灰尘污染，于是堕入生死流转烦恼纠缠之中，但凡能修行禅法，凝心入静，拂去灰尘，明镜自然又恢复清净明彻的“空明”状态。这便引出了神秀那首著名的偈语：

身是菩提树，心如明镜台。
时时勤拂拭，莫使有尘埃。[10]

但是，这一理路尚有不能圆融通贯之处：既然人的心灵本来是清净无垢的，那么又哪来的客尘污染？按照佛教的说法，一切均是一心幻化，客尘也不例外，那么岂非心灵自己幻化客尘来污染自己？反过来如果心灵本来就是清净，那么又怎么会生出客尘来污染自身，如果它会生出贪嗔痴诸妄念，那么它又怎能是清净无垢？

因此“心如明镜”与“拂尘使净”之间，“众生本有觉性”与“息灭众生妄性”之间，换句话说，即心性论与修习论之间尚有隔膜不能贯通无碍，这一理路的内在矛盾终于在唐代南宗禅兴起时凸现出来，并引起了北宗与南宗的分道扬镳。

在这一理路的转换过程中起了重大作用的是当时中国流行的般若思想的渗入。我们知道，《楞伽经》的基本核心语词是“唯心”（Cittamātra），而《般若经》的基本核心语词是“空”（Śūnya），本来“有”“空”两端差异极大，但禅宗大师却极巧妙地将二者圆融贯通并进行转换，借用般若系“五阴则是空，空则是五阴”及“色与空无异”的思想挪移到心性论上来[11]，把心灵中的垢、净差异一扫而空，心净是真性，心染亦是真性，染、净本无差异，均是空幻之相，只要能够“不疑不犯，不嗔不忍，不进不怠，不定不乱，不智不愚……不有为不无为”[12]，也就是心灵不执着于任何观念、事物、状态，不被任何观念、事物、状态所系缚，便是挣脱任何枷锁的“解脱之道”，便是空明澄澈的“涅槃境界”。

所以六祖惠能在其《坛经》中云：“无念为宗，无相为体，无住为本。”[13]所谓“无念”，并不是弃绝思虑，而是思虑始终“情不附物”，并不是心不着境，而是“于一切境上不染”；所谓“无相”，是心灵远离一切形相，既不执着于有相，也不执着于空相，只是“但能离相，性体清净”；所谓“无住”，则是指人的心灵不沉湎于流转迁灭的各种事物，“于一切法上无住，一念若住，念念即住，名系缚，于一切上念念不住，即无缚也”。

所以，这时的清净无垢，不是指纯粹与外隔绝的心灵，只是指心灵自然地流动如同不系之舟；这时的禅定参悟不再是苦苦地修心、守心、坐禅、入定，而是指“不着心，亦不着净，亦不言不动”的自然适意心境的获得。只要内于心灵无所束缚，使心灵自由，外于一切心念不起，见本性不乱，这便是禅的境界，这也就是《放光般若经·问僧那品第十六》中“慧不在乱亦不在定，慧不在有常亦不在无常，慧亦不在苦乐亦不在有我无我，是为菩萨摩诃衍而应无所倚”的意思。

南宗禅逐渐以般若系的《金刚经》取代了早期基本经典《楞伽经》，正象征了这一理路的变化。

这一理路的变化便引出了南宗禅的超越论。北宗禅的理路是以“清净本心”为“无”，而以“五阴客尘”为“有”，以“染”“净”为殊途，则必须苦苦修行，住心看净，仿佛明镜蒙尘，时时须拂；南宗禅的理路则是以“清净心”与“生灭心”皆为“空”，以“染”“净”俱为“性”，以真如、生灭为等同，则只需一念之转，离念即是清净，无住便是解脱，而终极之“空”又使每人心灵中的染净慧妄在刹那间泯灭无迹，仿佛一扇门往里向外只需铰链一转，这样便不再须苦苦修行、默默坐禅、专一反思、认真忏悔，而只要“起般若观照，刹那间妄念俱灭，即是自真正善知识，一悟即知佛也”⑭。

解脱不再需要，因为那些束缚人的生死烦恼不过是“空”，妄念客尘不再可怕，因为这些并非外在于人而是来自人的心灵，只要离念离相，不执着于它，不去苦苦追寻空幻的“净”，不去苦苦地逃避“染”，就不会被“净”“染”所烦恼，人就能活泼泼地自立于世间，超越于俗尘。有人问石头希迁禅师：

“如何是解脱？”

他反问道：

“阿谁缚汝？”⑮

既然没有东西束缚，也就没有必要苦求解脱，大珠慧海说得明白："性本清净，不待修成，有证有求，即同增上慢。"[16]

因此，南宗禅便将过去"凝心入定"的渐修禅法变成了"顿悟真宗"的顿悟禅法，完成了印度禅向中国禅的转化，将寻求解脱的达磨禅理路变成了寻求超越的惠能禅理路，奠定了南宗禅自由、适意的人生哲学基础。因为传统的"解脱"是以人的自由、适意为代价，"赎身"式的途径，人必须通过对自己身心的束缚才能求得灵魂的安宁，那种清净、平和的境界实际上要靠闭目塞听式的防御手段才能维持，就仿佛在无菌室里讨生活一样，人已经缩小了自己的天地。但南宗禅的"超越"则是突出了人自身的存在，肯认了人心灵的自由，在观念转变、意识升华的一刹那之间，人已超越了生死烦恼，在他面前是自由广阔的世界，他可以毫无拘束地按照自己的心灵意愿生活，因为他的心灵本来就是清净的，从清净心灵产生的意愿自然就是合理的。

让我们再从整个佛教思想史的角度来看一看南宗禅的超越论。"超越"对精神与生命而言，对于人类来说，精神的自由与生命的永恒是两个永远具有魅力的词语，它们是不能自由与永恒的人类的理想，恰如佳肴美味是饥者的奢望，理想虽未必成得了现实，但奢望却与希望相去不远。西西弗斯不断推动下滚的巨石与吴刚不断砍斫不停生长的桂枝一样，是一个象征，象征着人类总是在企图将梦境变成真境，使奢望不成为绝望。这种不停追寻自由与永恒的努力应当“不问收获，只问耕耘”，它构成了人类悲剧性的历史，但也使这种历史拥有悲剧性意义与价值。

佛教一直在追寻的正是这个解除一切烦恼与障碍的自由与永恒。当然，这自由与永恒并非肉身的自由与生命的不灭，追寻肉身的自由与生命的不灭在中国古代乃是道教的事情，佛教的目标是精神的自由与生命的永恒，只是早期佛教的追寻思路与禅宗的追寻思路不尽相同。早期佛教认为，人由于与生俱来的“无明”而堕入“六道轮回”，在人心有“贪嗔痴”，在人的感官知觉有色声香味触法的贪好，于是一生下来便在生老病苦烦恼中辗转挣扎，要解脱这种生存的烦恼，只有摆脱欲念，抛弃执着，使心中一片空明清净，所以《佛说圣法印经》云：“无我无欲心则休息，自然清净而得解脱。”这种纯粹宁静的心灵中没有烦恼，没有生死，甚至没有时间流驶，于是人在这种心境中得到了生命的安宁与精神的永恒。

至于达到这种被称为“涅槃”的心理境界的途径，则是有多种法门，正如圭峰宗密所说：“万行不出六波罗蜜”，有“布施”“持戒”“忍辱”“精进”“禅定”与“智慧”，而“禅门但是六中之一”[17]。即使依照大乘佛教在中国最流行的方式，也包括两种法门：禅定静心使“一切语言道断，不生不出不起，无名无相，实无所有”，在寂灭空无中体验到永恒，这是一种。以理智分析，层层剥笋般地认识到万法唯识，最终明白生死烦恼不过来自人之生灭心与积聚之经验，从而“缘意为识，转识成智”，返本复初，回归心灵，这又是一种。

但是禅宗（这里指的是南宗禅）不仅超越了后一种途径，也抛开了前一种途径。既然心灵本来就是清净无垢的，只要它不执着拘泥于某一观念、事物、情绪，那么它活泼泼地跳动就是人的真性情的自然呈现，人们没有必要去苦苦思索，也没有必要苦苦坐禅，六祖惠能那两首偈语中所说的“佛性常清净，何处有尘埃”“明镜本清净，何处染尘埃”[18]就是这个意思。

依着这一内在理路自然发展，南宗禅便超越了佛教固有的理论框架，真正提出了中国式的佛教超越论，其中石头希迁、马祖道一两禅师的言论最为重要。前引《祖堂集》卷四石头希迁“阿谁缚汝？”一句下记载，人又问石头：“如何是涅槃？”

石头希迁说：“谁将生死与汝？”

生死观念本是虚幻妄诞，既然人心即清净佛性，又何来生死观念？这样，人只需回复自己原本就有的佛性就已经立于永恒之地。戒、定、慧及六波罗蜜，都是渡河的船，过于执着于它们反而多了一重桎梏。反之烦恼客尘既然来自心灵，那么它也是佛性之“用”，所以说“烦恼即菩提”。正如石头希迁所说：“心、佛、众生、菩提、烦恼，名异体一。”⑲

因此他回答青原行思问“还听律也无？”“还念戒也无？”时说：“不用听律”，“亦不用念戒”。⑳

而马祖道一则从早年“即心即佛”的解脱论发展到晚年“非心非佛”的超越论，他说，既然“自心是佛，此心即是佛心”，那么何必要时时关注与约束自己的心灵，这也不行那也不行呢？于是他提出当解脱已无必要时，真正的超越便是“非心非佛”，即关注点“不是心，不是佛，不是物”，既不必时时提醒自己要守住本真之心，也不必时时告诫自己要追寻佛陀之心，只要明白自己心灵本来合理，就可以一切不拘，“随时着衣吃饭，长养圣胎，任运过时，更有何事？”㉑

他的弟子南泉普愿在解释马祖思想时说得很清楚，“即心即佛”这种固守本心、回归真性的口号只是“一时间语”，只是为了使人不要“向外驰求”的权宜之计，真正的超越心灵是不需要时时拂拭、刻刻凝注的，所以说“不是心，不是佛，不是物”，希望人们不要把“心”当作“佛”来供养，把“智”当作“道”来遵奉。其实

“心”本来就是自然平常的人心，并非绝对神圣的佛心，“智”本来就是人心固有的理性，并非终极意义的自由之“道”，真正的心灵应当是普普通通、平常自然的，也是自由无碍、活泼泼的。[22]

因此，认识到自由心灵的合理性便彻底解开了人身上的最后一道绳索，突出了永恒心性的纯粹性则使人超越了生死的界限，人们不再受种种戒律的捆绑，不再为种种原则牺牲个性。自由无碍的生活便是神圣的生活，平凡世俗的行为便是佛陀的行为，而不再为凡圣之间的两难选择而苦恼，便超越了凡圣；生死的轮回只不过是自然过程，不必为之烦恼，而不再为生死烦恼正是超越了生死。

人在这种意识的超越中达到了内心的平静，在意识的顿悟中刹那间便赢得了轻松自由、恬静永恒。于是，这一南宗禅的理路便到达了它的极致，这极致用五个字来表现，即“平常心是道”[23]。

由于马祖道一、石头希迁在南宗禅史上的重要地位，及其后世门人在南宗禅史上的巨大势力，这种“一切皆真”的佛性论及“平常心是道”的人生观，成了南宗禅的主流思想。我们知道，六祖惠能之后，荷泽神会与司空山本净为南宗崛起立下了汗马功劳，神会于天宝四年（公元七四五年）在滑台大会上以“顿悟”驳“渐悟”，以“传衣”争正统；本净也在天宝四年在长安以“本来清净，不假修行”与当时佛教各宗进行了激烈争辩，这两位六祖门下的禅师震撼了盛唐的佛教界，也为南宗禅的大盛奠定了基础。[24]

但是南宗禅的真正崛起却延宕了数十年，直到马祖道一、石头希迁这两位六祖的再传弟子提出了自己完整的超越思想，并培养了大批杰出的禅师，才将禅宗思想真正地传布到拥有文化阐释权的文人士大夫，甚至皇室官员心中[25]，促成了中唐以后中国文化的巨大转向[26]，同时，也使南宗禅大大地兴盛发达起来。

毋庸置疑，南宗禅对于佛教思想的这一关键性转向意义极其重大。从中晚唐、五代禅宗的发展可以看出，南宗禅的主要理路一直是按这种轨道发展的，用圭峰宗密的话说，即“一切皆真”，清净心灵是“体”，那么一切言语、行为、思虑、情感则是心灵的“用”，体是清净无垢的，那么用即合理正当的，“如面作种种饮食，一一皆面”。因而“起心动念，弹指动目，所作所为，皆是佛性全体之用，更无别用，全体贪嗔痴造善造恶受苦受乐，此皆是佛性”。[27]

我们看马祖、石头门下禅师的言论的确如此，马祖门下如大珠慧海的“饥来吃饭，困来即眠”、长沙景岑的“热即取凉，寒即向火”、赵州从谂的“不费心力作佛去”、临济义玄的“佛法无用功处，只是平常无事”、沩山灵祐的“唤他作道人，亦名无事人”，石头门下如天皇道悟的“任性逍遥，随缘放旷，但尽凡心，别无圣解”、丹霞天然的“无道可修，无法可证，一饮一啄，各自有份”、清平令遵的“若会佛意，不在僧俗男女贵贱，但随家丰俭，安乐便得”等等，都是追寻自由无碍心灵与现实生存意义这一理路的自然延伸。

当然，这一理路的自然延伸也存在两种不同的后果。第一种，承认人的自然本性的合理与现实生存的正当，突出个性活泼的意义，当人们肯认了自心是佛及自然本性的天然合理性后，人们会对自己的存在充满信心，对现实的世界充满喜悦，对精神的自由充满希望；第二种，对心灵的解放与尘世的肯定，虽然突出了人的个性与意志，但也消解了宗教生活中的自我约束力，削弱了对神圣境界追求的动力，使宗教信仰的敬畏感、崇高感，日渐消退而放纵自己的身心，从而走向后来所谓的“狂禅”。这两种后果都可以从“平常心”“随缘放旷”“一切皆真”等理论中自然延伸出来，于是后一种现象便成为后世南宗禅始终难以解决的一大问题，而这个问题在五代便已经出现了[28]——这是后话。

《祖堂集》记载了唐、五代南宗禅的历史，也自然记载了南宗禅的这一理路及其延伸。在《祖堂集》所记载的二百余位禅师，甚至仅从我们在本书中所选的二十九位禅师的言论中，我们也能够看到佛教中国化的进程，看到唐代禅宗史上的巨大变化。这一变化在当时，便如水中涟漪一样四处漫延，影响了中国人的心理、思维与行动，使“禅”之一字成了中国文化的重要因子。

注释：

①见《续藏经》十四册五五〇页。

②见《文苑英华》卷八六一李华《故左溪大师碑》。

③见《刘禹锡集》卷四《牛头山第一祖融大师新塔记》。

④见皎然《昼上人集》卷八《唐湖州佛川寺故大师塔铭并序》、释神清《北山录》卷六、《文苑英华》卷八六八公乘亿《魏州故禅大德奖公塔碑》等。

⑤关于这一禅法，可参见郭良鋆译巴利文本《经集》三八八则、四七一则（中国社会科学出版社一九九〇年本五十三页、六十四页），以及《杂阿含经》卷十七、《长阿含经》卷八《众集经》、《中阿含经》卷五十六《罗摩经》等。

⑥《续藏经》一一〇册八〇七页—八〇九页载《菩提达磨大师略辩大乘入道四行观》，通称《二入四行论》。

⑦《续高僧传》卷十六《慧可传》中载，见《大正藏》五十册五五二页。

⑧《楞伽师资记》载《入道安心要方便》，见《大正藏》八十五册一二八七页。

⑨《最上乘论》，见《续藏经》一一〇册八三〇页。

⑩《坛经校释》（中华书局一九八三年出版）十二页。

⑪《放光般若经·无见品第二》，又《假号品第三》，见《大正藏》八册四页、五页。

⑫《放光般若经·五神通品第五》，同前七页。

⑬《坛经校释》三十一页。

⑭同前六〇页。

⑮《祖堂集》卷四。

⑯《祖堂集》卷十四。

⑰《禅源诸诠集都序》卷上之一，见《大正藏》四十八册三九九页。

⑱《坛经校释》十六页。

⑲《景德传灯录》卷十四，《四部丛刊》本第五册二页下。

⑳《祖堂集》卷四。

㉑《祖堂集》卷十四。

㉒参见《祖堂集》卷十六南泉和尚一节、卷三南阳

慧忠一节、《宗镜录》卷九十八记汾阳无业问马祖一节等。

㉓《祖堂集》卷十八记南泉普愿答赵州语。

㉔神会在禅宗史上的地位，由于敦煌卷子中各种有关他的资料的发现，逐步为人所知，但本净的重要性却由于资料缺乏而常被忽视，其实本净在禅宗史上的意义也许并不比神会小，因为他的活动在当时京城长安，影响的范围或许更大，参见《祖堂集》卷三。

㉕这里有两点应当注意：一是南宗禅的兴盛是在贞元、元和年间（公元七八五—八二〇年），与马祖道一门下弟子章敬怀晖、兴善惟觉在京城传法，百丈怀海、西堂智藏在南方兴禅有极大关系。参见《宋高僧传》卷九《怀让传》、《祖堂集》卷十四章敬和尚节、《白居易集》卷四十一《传法堂碑》、《同治赣县志》卷五十唐技《龚公山西堂敕谥大觉禅师重建大宝光塔碑铭》。二是禅宗灯史常把石头、马祖分为两系，这是从后来禅宗分派角度来列叙的，其实从思想特征上来看，石头、马祖十分接近，从交往授受上来看，石头、马祖交往甚密，弟子多互相参拜请益，因此实际上在中唐他们应归为一派，这便是圭峰宗密在论述禅门各家宗风时，并不单列青原、石头一系的原因，参见圭峰宗密《中华传心地禅门师资承袭图》及《圆觉经大疏钞》卷三之下。

㉖至于南宗禅在中国文化上的影响，与此处关于南宗禅的理路并不尽相同，因为某一种思想的内在思路是一回事，思想的接受和阐释是另一回事，至今我仍坚持这一看法，参见拙著《禅宗与中国文化》(上海人民出版社，一九八六年)及拙译《通向禅学之道》的《译者序》(上海古籍出版社，一九九〇年)。

㉗《中华传心地禅门师资承袭图》，《续藏经》一一〇册八七〇页。

㉘参见法眼文益《宗门十规论》，见《续藏经》第一一〇册八七七页至八八一页。

附
录

南宗禅师传承世系表

说明如下：

一、此表系据《祖堂集》编制，其中仅列南宗禅师，《祖堂集》另载之早期禅师、北宗禅师、牛头宗禅师等均不在此表之中。又有隐山、兴平、米岭和尚三人师承不详，故缺载。

二、靖居以下石头希迁一系见表二，南岳以下马祖道一一系见表五。

三、禅师生卒年若可据《祖堂集》查得者，均附于禅师名讳之右，以便检寻。

南宗禅师传承世系表（一）

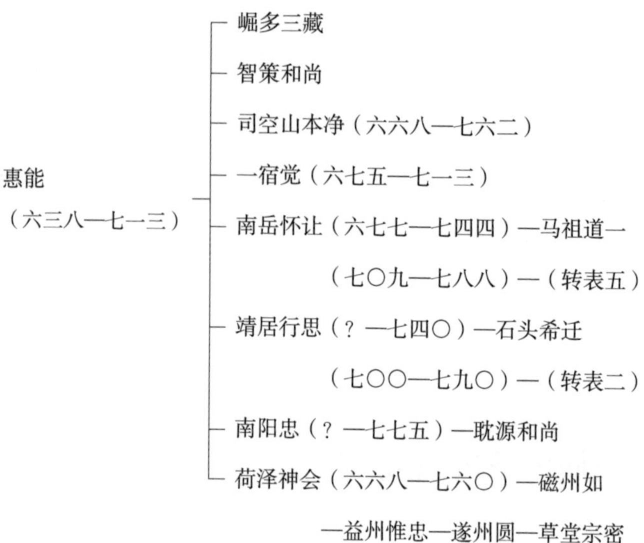

南宗禅师传承世系表（二）

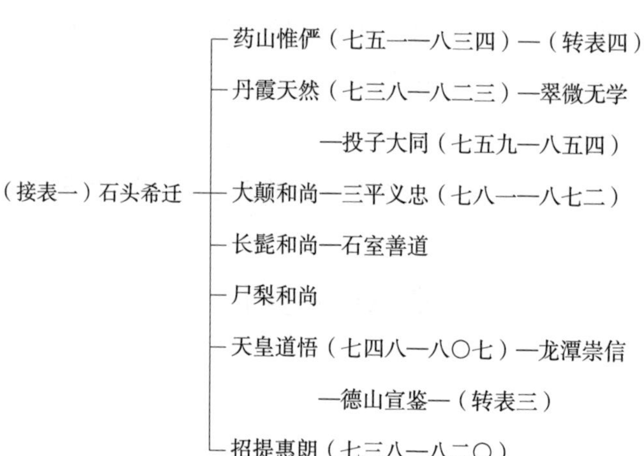

南宗禅师传承世系表（三）

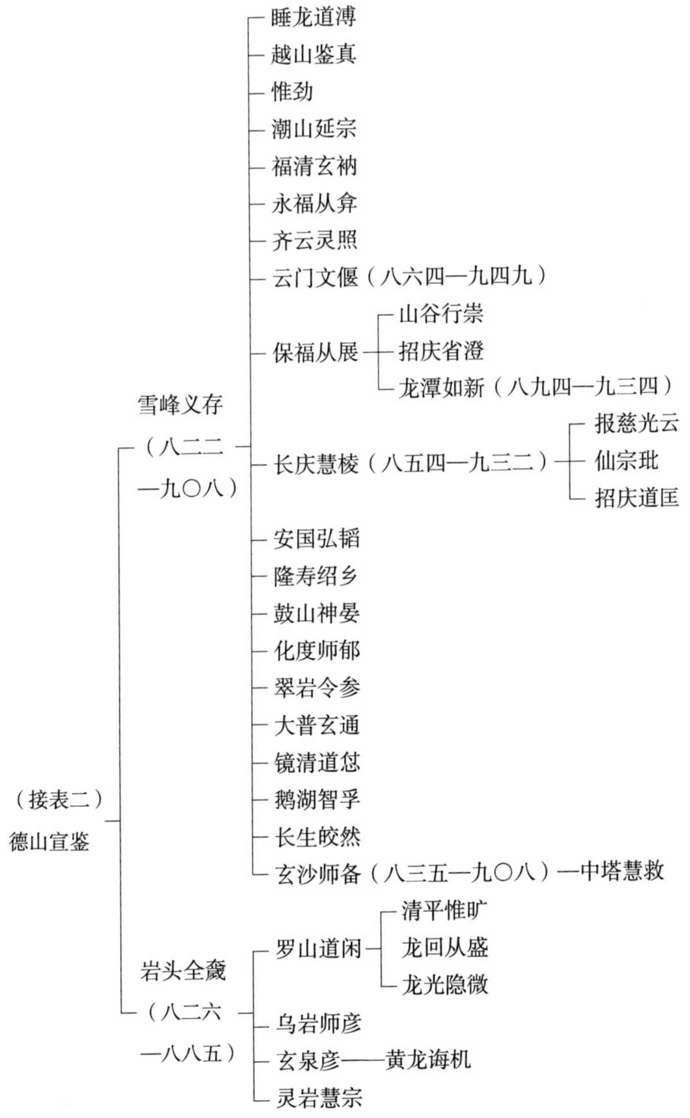

（接表二）
德山宣鉴
雪峰义存
（八二二
一九〇八）
睡龙道溥
越山鉴真
惟劲
潮山延宗
福清玄衲
永福从弇
齐云灵照
云门文偃（八六四—九四九）
保福从展
山谷行崇
招庆省澄
龙潭如新（八九四—九三四）
长庆慧棱（八五四—九三二）
报慈光云
仙宗玭
招庆道匡
安国弘韬
隆寿绍乡
鼓山神晏
化度师郁
翠岩令参
大普玄通
镜清道怤
鹅湖智孚
长生皎然
玄沙师备（八三五—九〇八）—中塔慧救
岩头全奯
（八二六
一八八五）
罗山道闲
清平惟旷
龙回从盛
龙光隐微
乌岩师彦
玄泉彦——黄龙海机
灵岩慧宗

南宗禅传承世系表（四）

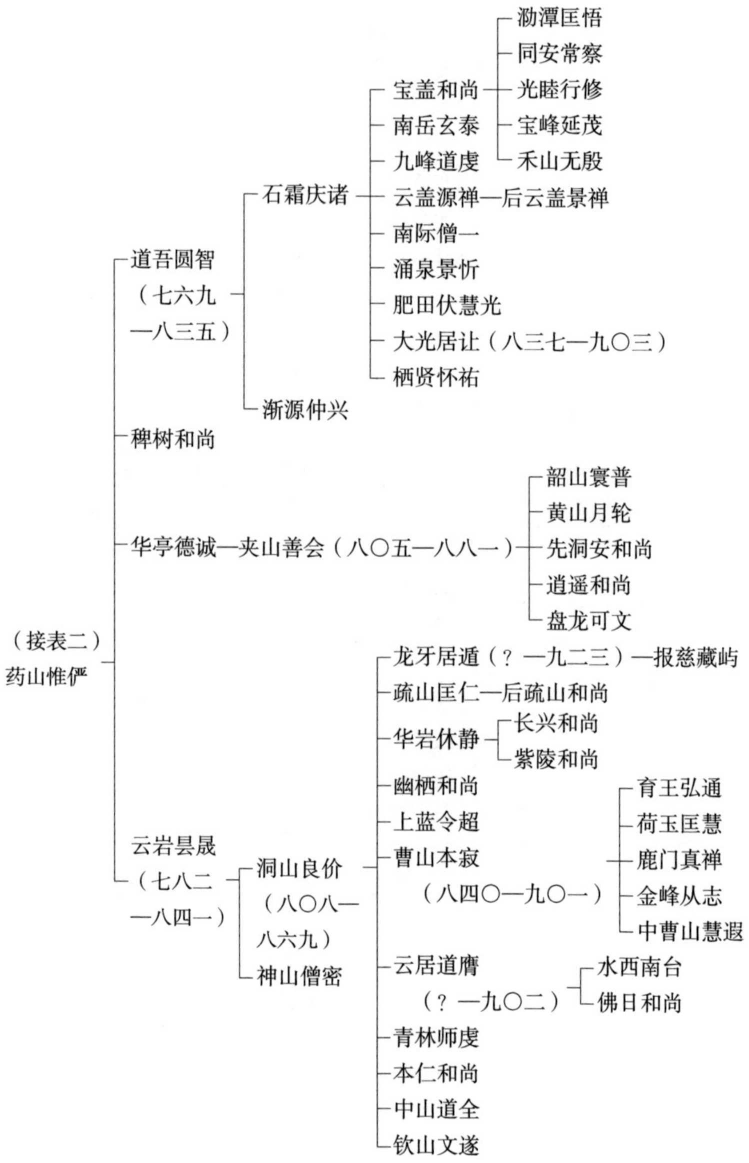

（接表二）
药山惟俨
道吾圆智
（七六九
—八三五）
石霜庆诸
宝盖和尚
渤潭匡悟
同安常察
光睦行修
宝峰延茂
禾山无殷
南岳玄泰
九峰道虔
云盖源禅—后云盖景禅
南际僧一
涌泉景忻
肥田伏慧光
大光居让（八三七—九〇三）
栖贤怀祐
渐源仲兴
稗树和尚
华亭德诚—夹山善会（八〇五—八八一）
韶山寰普
黄山月轮
先洞安和尚
逍遥和尚
盘龙可文
云岩昙晟
（七八二
—八四一）
洞山良价
（八〇八—
八六九）
龙牙居遁（？—九二三）—报慈藏屿
疏山匡仁—后疏山和尚
华岩休静
长兴和尚
紫陵和尚
幽栖和尚
上蓝令超
曹山本寂
（八四〇—九〇一）
育王弘通
荷玉匡慧
鹿门真禅
金峰从志
中曹山慧遐
云居道膺
（？—九〇二）
水西南台
佛日和尚
青林师虔
本仁和尚
中山道全
钦山文遂
神山僧密

南宗禅师传承世系表（五）

（接表一）
马祖道一

- 陈慧忠和尚
- 龟洋无了
- 金牛和尚
- 大同广澄
- 汾州无业（？—八二三）
- 归宗智常—芙蓉灵训
- 邓隐峰
- 东寺如会（七四四—八二三）
- 永泰灵瑞（七六一—八二九）
- 五泄灵默（七四七—八一八）—正原和尚（七九三—八七〇）
- 大梅法常—天龙和尚—俱胝和尚
- 盘山宝积—普化和尚
- 盐官齐安
  - 关南道常—道吾休和尚
  - 溟州通晓梵日（八一〇—八八九）
- 伏牛自在
- 鹅湖大义（七四五—八一八）
- 鲁祖宝云（七七一—八五三）
- 百丈怀海（七二〇—八一四）—（转表六）
- 南源道明
- 紫玉道通
- 石巩慧藏
- 茗溪和尚
- 西堂智藏
  - 东国桐里慧彻
  - 东国实相洪直
  - 陈田元寂道义
  - 处微和尚
- 杉山智坚
- 大珠慧海
- 百丈政
- 章敬怀晖
  - 东国慧目山玄昱
  - 公畿和尚
- 黑涧和尚
- 高城法藏
- 麻谷宝彻—嵩严山圣住无染
- 秘魔岩和尚
- 庞居士
- 南泉普愿（七四八—八三四）
  - 岑和尚
  - 白马昙照
  - 下堂和尚
  - 双峰道允（七九八—八六八）
  - 赵州从谂（七七八—八九七）
  - 紫胡和尚—胜光和尚
  - 陆亘大夫

南宗禅师传承世系表（六）

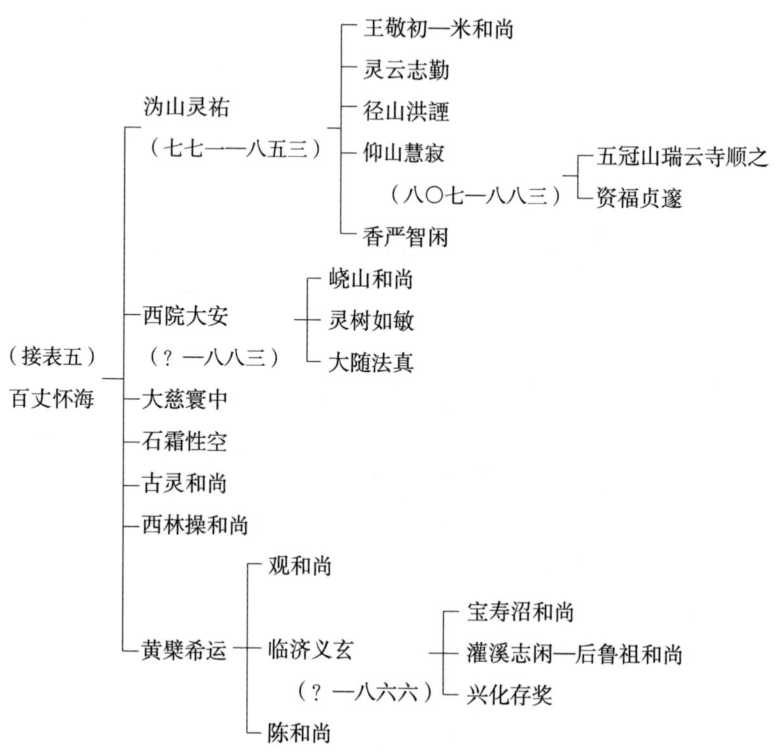

王敬初—米和尚
灵云志勤
径山洪諲
沩山灵祐
（七七一—八五三）
仰山慧寂
五冠山瑞云寺顺之
（八〇七—八八三）
资福贞邃
香严智闲
峣山和尚
西院大安
灵树如敏
（接表五）
（？—八八三）
大随法真
百丈怀海
大慈寰中
石霜性空
古灵和尚
西林操和尚
观和尚
宝寿沼和尚
黄檗希运
临济义玄
灌溪志闲—后鲁祖和尚
（？—八六六）
兴化存奖
陈和尚

参考书目

1.《宝林传》十卷　唐·智炬　《宋藏遗珍》影印本，第一—五卷、第八卷

2.《宋高僧传》三十卷　宋·赞宁　中华书局一九八七年范祥雍校点本

3.《景德传灯录》三十卷　宋·道原　《四部丛刊》影印本

4.《五灯会元》二十卷　宋·普济　中华书局一九八四年苏渊雷校点本

5.《楞伽师资记》一卷　唐·净觉　《大正藏》八十五册

6.《传法宝纪》一卷　唐·杜朏　《大正藏》八十五册

7.《历代法宝记》一卷　唐·佚名　《大正藏》五十

一册

8.《坛经》 唐·惠能　中华书局一九八三年郭朋校释本

9.《神会遗集》四卷　唐·神会 《大正藏》八十五册末附胡适校正本

10.《临济慧照禅师语录》一卷　唐·慧然 《大正藏》四十七册

11.《黄檗山断际禅师传心法要》一卷　唐·裴休 《大正藏》四十八册

12.《宗镜录》一百卷　宋·延寿 《大正藏》四十八册

13.《无门关》一卷　宋·宗绍 《大正藏》四十八册

14.《碧岩录》十卷　宋·重显、克勤 《大正藏》四十八册

15.《禅关策进》一卷　明·袾宏 《大正藏》四十八册

16.《金刚般若波罗蜜多经》 鸠摩罗什译　金陵刻经处光绪十五年刻本

17.《楞伽阿跋多罗宝经》四卷　求那跋陀罗译　金陵刻经处同治九年刻本

18.《大佛顶首楞严经》十卷　般剌蜜帝译　金陵刻

经处同治八年刻本

19.《大乘起信论》 马鸣菩萨造　真谛译　金陵刻经处光绪二十四年刻本

20.《楞伽宗考》 胡适 《胡适论学近著》第一集　商务印书馆一九三六年版

21.《荷泽大师神会传》 胡适 《胡适论学近著》第一集　商务印书馆一九三六年版

22.《中国禅宗史》 印顺　江西人民出版社一九九〇年版

23.《祖堂集解题》（日）柳田圣山 《祖堂集索引》后附　一五六七至一六〇六页

出版后记

星云大师说："我童年出家的栖霞寺里面，有一座庄严的藏经楼，楼上收藏佛经，楼下是法堂，平常如同圣地一般，戒备森严，不准亲近一步。后来好不容易有机缘进到藏经楼，见到那些经书，大都是木刻本，既没有分段也没有标点，有如天书，当然我是看不懂的。"大师忧心《大藏经》卷帙浩繁，又藏于深山宝刹，平常百姓只能望藏兴叹；藏海无边，文辞古朴，亦让人望文却步。在大师倡导主持下，集合两岸近百位学者，经五年之努力，终于编修了这部多层次、多角度、全面反映佛教文化的白话精华大藏经——《中国佛教经典宝藏》，将佛教深睿的奥义妙法通俗地再现今世，为现代人提供学佛求法的方便途径。

完整地引进《中国佛教经典宝藏》是我们的夙愿，

三年来，我们组织了简体字版的编审委员会，编订了详细精当的《编辑手册》，吸收了近二十年来佛学研究的新成果，对整套丛书重新编审编校。需要说明的是此次出版将丛书名更改为《中国佛学经典宝藏》。

佛曰：一旦起心动念，也就有了因果。三年的不懈努力，终于功德圆满。一百三十二册，精校精勘，美轮美奂。翰墨书香，融入经藏智慧；典雅庄严，裹沁着玄妙法门。我们相信，大师与经藏的智慧一定能普应于世，济助众生。

东方出版社

图书在版编目（CIP）数据

祖堂集／葛兆光 释译．—北京：东方出版社，2018.8
（中国佛学经典宝藏）
ISBN 978-7-5060-8588-5

Ⅰ．①祖…　Ⅱ．①葛…　Ⅲ．①禅宗—史料—中国—南唐　Ⅳ．① B946.5

中国版本图书馆 CIP 数据核字（2015）第 249185 号

祖堂集
（ZUTANGJI）

释 译 者：葛兆光
责任编辑：王梦楠　杨　灿
出　　版：东方出版社
发　　行：人民东方出版传媒有限公司
地　　址：北京市西城区北三环中路 6 号
邮政编码：100120
印　　刷：北京明恒达印务有限公司
版　　次：2018 年 8 月第 1 版
印　　次：2022 年 6 月第 3 次印刷
开　　本：880 毫米 ×1230 毫米　1/32
印　　张：9.5
字　　数：145 千字
书　　号：ISBN 978-7-5060-8588-5
定　　价：45.00 元
发行电话：（010）85924663　85924644　85924641